JN410451

슬픈 아일랜드

강성철 시집

시인동네 시인선 210

강성철 시집

슬픈 아일랜드

시인동네

시인의 말

물고기 아버지와 구절초 어머니가 돌아가시고

나는 다시 사강을 지나

슬픈 아일랜드에서 거듭난다.

2023년 8월

강성철

차례

제2부

제3부

제4부

제1부

사과의 역사

내 몸에서 사과의 흔적을 만져본다
아담이라는 수컷의 딱딱한 흔적이
선악의 목울대를 타고 꿀꺽꿀꺽 넘어간다

윌리엄 텔이 아들을 담보로 화살을 날린 결과
아이작 뉴턴이 '만유인력의 법칙'을 이끌어낸
사과의 일화!
그 일화로 탱자나무 울타리 너머
탱글탱글 열리는 붉은 유혹의 알맹이들

떨리는 심장으로 보쌈해온 이브를 양손으로 쪼개던
달콤한 사과의 연애와
이념 서클 가입을 권유하는
친구의 가슴속에서 시퍼렇게 날 세우던
사과의 붉은 이념들이
세월의 목울대를 울컥울컥 역류하는 지금은
희미한 옛 상처의 기억도
사과처럼 붉게 아물어가는 계절

오목렌즈와 볼록렌즈

내가 눈앞의 사소한 이익에 급급하여
먼 곳을 못 보던 젊은 시절, 시야를 넓히기 위해
내 몸의 일부처럼 지니고 다니던 오목렌즈 근시안경
그 오목이라는 말의 뜻처럼
마음 씀씀이가 안으로 오목하여
남의 조그만 잘못에도 눈을 부라리곤 하였었다
그러느라 마음은 오목렌즈처럼
갈수록 그 중심이 오목오목 얇아지기 시작했다

마음이 점점 얇아지며, 더욱 각박해지던
50대 중반 어느 날 아침
갑자기 눈앞의 사소한 것도 안 보이게 되었다
이후로 근시안경과 동시에 지녀야 했던 볼록렌즈 원시안경
렌즈 두 개를 지니고, 욕심을 채우느라
내 몸은 볼록볼록 점점 비대해져만 갔다

최근엔 필요에 따라 오목한 마음과 볼록한 몸에
수시로 맞추는 것이 불편하여

비싼 값을 치르며 구입한 다초점 오목 볼록렌즈 안경
마음과 몸을 조금씩 비워가야 하는 나이에
나도 노욕이라는 것에 한 걸음씩 다가서는 걸까?
이 오목 볼록한 다초점 마음과 몸을 비우는 것은
오목 볼록한 자갈밭을 맨발로 가는 것처럼
어려운 일일까?

뻐꾸기 둥지 위로 날아간 새

뻐꾹 뻐꾹 뻐꾹새 숲에서 울 제
뻐꾸기 둥지 위로 날아간 새는 이미 새가 아니다
뻐꾸기는 둥지가 없기 때문이다
남의 둥지에 잘 있는 알을 내다 버리고
그 자리에 자신의 알을 낳는 뻐꾸기는 정신병자다
영어의 'cuckoo'는 뻐꾸기라는 뜻도 있지만
정신병자라는 뜻도 있다고 한다

뻐꾸기 새끼도 정신병자다
막 부화하려는 원주인의 알들을 밀쳐버리고
자신이 진짜 새끼인 양
양어미 새가 물어다 주는 먹이를 먹고 무럭무럭 자란다
자기 새끼를 죽인 뻐꾸기 새끼가 자신의 진짜 새끼인 양
헌신적으로 먹이를 물어다 주는 양어미 새도 역시 정신병자다

오랫동안 내 거실을 지켜온 뻐꾸기시계가 있다
뻐꾹 뻐꾹, 매시간 시계의 몸을 가르고 나와

울어대는 저 뻐꾸기시계 역시
자신의 시계 새끼도 아닌 뻐꾸기 새끼를 제 몸에 키우며
매시간 "땡 땡 땡" 울지 않고
"뻐꾹 뻐꾹", "cuckoo, cuckoo" 울어댄다

이 거대한 정신병동인 세상에서
나도 뻐꾸기시계 하나쯤은 가지고 사는 게 아닐까?
친자 확인 검사가 난무하는 세태 속에서
친자식 같은 시는 생산하지 못하고
뻐꾸기시계 같은 시만 매시간
"뻐꾹 뻐꾹"
"cuckoo, cuckoo" 울어대는 것은 아닐까?

화훼농장 장미와 양계장 닭

일 년에 한 번 꽃을 피우는 장미가
화훼농장에서는 여섯 번을 피워내야 한다고 한다
덕분에 장미의 일생은 30년에서 6년으로 줄었다는데……
24시간 불 밝힌 양계장에서
밤낮 사료 먹으며 알을 낳는 닭도
2년도 못 가 수명이 다한다고 한다

화훼농장 장미는 양계장 닭을 위해
무리하게 장미 백만 송이를 준비하고
양계장 닭은 화훼농장 장미를 위해
무리하게 거의 매일 알을 낳는다

현실과 차단된 벽 속에 갇혀 사는
장미와 닭!
감히 벽을 허물어 현실과 맞서지 못하고
주인에 의해 길들어진다

화훼농장과 양계장에서처럼 우리의 아이들이

현실과 차단된 자기만의 세계에 고립되어
컴퓨터에 몰입한다
울타리 안에 갇힌 장미와 닭들처럼
자기만의 세계에 길들어져
자기만의 세계로 빠져들어 간다

버지니아 공대, 조승희*의 총성이
멀리 있는 것만은 아닐 것이다

---

*2007년 4·16 미 버지니아 공대 총기 난사 사건의 범인으로 자신도 자살로 사건을 끝냄.

잃어버린 시간을 찾아서*

모든 사물에 살아 숨 쉬는 기억들!
그 기억들이 저마다 추억의 불을 달면
랭보는 지옥에서 보낸 세월 속에서
모음(母音)으로 색깔을 기억해낸다
올해 들어 세상을 덮어버린 폭설

유다 벤허의 허공을 가르는 채찍처럼
그 눈발들이 콜로세움 경기장을 때리면
카타콤베의 미로를 더듬으며
엘리엇의 황무지에서 피어오르는
에테르에 마취된 옛사랑의 오래된 냄새

그래 맞아, 냄새도 기억의 분비물
당신에게서 실로 오랜만에 맡아보는 결별의 체취—
오래전 사랑의 그 체취
나팔꽃 같은 아스라한 기억 속
의심의 손길이 대나무같이 매끄러운
당신의 몸을 더듬어가며 올라간다, 짐승이었다!

움베르토 에코가 중세의 수도원에서
금서(禁書)를 더듬는 곰팡내 물씬 풍기는
부끄러운 손길의 기억처럼……

고로, 기억으로 존재하는 모든 사물
그 기억으로 감각들이 떨고 있다
기억의 거푸집에서 태아가 원초적인 잠을 자고 있다
조금만 건드려도 원래의 모습으로 돌아가는
우린 모두 기억의 노예들

나의 기억과 사물의 기억이 만나는 곳에서
여기, 나의 그리움이 살아 숨 쉰다
그러나 조금만 감정의 열을 가하면
당신에게서 느껴지는 그 진한 결별의 체취
그래, 모든 사물은 자신만의 기억으로 숨 쉰다

---

*마르셀 프루스트의 소설.

꽃들의 반란

꽃들이 꽃이 아닌 무의미한 DNA로 여겨지도록
설계되어 피어난다는데……
이천 년 전 장자라는 인간이 그리하였다는구나
꽃들의 꿈속으로 나비처럼 날아 들어가
원초 기억을 지우고
호접지몽이란 생각의 단초를 심었다는데

그리하여 꿈을 상실한 채, 생각이 읽어진 채
인간의 무의식에 심어진 대로
매년 같은 모습으로 재현되는 꽃들

예를 들어 난쟁이 채송화와 울 밑에 선 처량한 봉선화로
나팔 불며 새끼줄을 감아서 올라가는 나팔꽃으로
엄마, 엄마 울부짖는 찔레꽃으로
꽃과 잎이 서로 그리워한다는 상사화로
그리고 백일 동안 붉게 피어나는 백일홍 등등
인간 내면에 각인된 모습으로 피어나는 꽃, 꽃, 꽃

그런데 반세기 전 김춘수라는 시인이
인간의 꿈속에 꽃처럼 날아 들어가
인간이란 빛깔과 향기를 지워버리고
무의미란 이름의 꽃 같은 눈짓 하나를 심었다는구나
그야말로 꽃들의 화려한 반란이었지

이제 인간들은 꽃들의 무의식에 심어진 대로
꽃들이 불러주기 전까지는
무의미한 DNA 구조로 살아간다는구나
그리하여 꽃이 인간인지,
인간이 꽃인지 모를 꽃밭 같은 세상에서
인간들이 꽃들처럼 아옹다옹 살아간다고도 하지

황금소로(黃金小路)*

프라하 성벽 미로에서 조심히 꺼내 보는
너라는 이름의 백 년 전의 나
자신들만의 진실로 빗장을 걸어 놓는
오래된 인습의 소문을 헤집고
언어의 연금술로 조심스레 다가서지만
그럴수록 멀어지며 굳게 닫히는 성문

프라하아—라고 길게 발음하면
프리지아 꽃처럼 활짝 성문이 열리는 게 아니라
프리즌 같은 차가운 단어의 시선들이
등 뒤에 꽂히며 굳게 닫히는 성문

'K'라고 숨죽여 발음하면
진실은 칼날처럼 정확한 게 아니라
단지 사람들이 그렇게 믿는 것뿐이라는 너의 '심판'에
'벌레'로 변해가는 나의 육신

하여 평생 비빌 언덕을 찾아 프라하 성벽을 두드리면서

너의 뒤꿈치를 뒤좇아 가다가
너라는 진실에 갇혀 나를 잊어간다
너와 나의 진실은 늘 그렇게 미로를 헤매며
닫힌 성문을 어긋나게 두드리곤 하였다
백 년간을 그래왔으며, 앞으로 백 년간 계속 그럴 것이다

---

*연금술사와 금은 세공사들이 살면서 황금소로라는 알려진 프라하성 입구 부근.
카프카가 『성(城)』을 집필한 조그만 작업실이 있어 더욱 유명해졌다.

부활하는 꽃들

장례식장으로 갔던 꽃들이
망자가 저승길을 향해 영구차에 오르자마자
숨도 고르지 않고 부활한다
살아생전 고인의 권세를
아니면 자식들의 권세를 가늠하던 화환들이
장례식이 끝나자 우르르 인근 화원으로 실려 가 부활한다

시들시들한 일부 꽃들이 싱싱한 꽃으로 교체되어
다른 장례식장으로 보내지고
심지어는 결혼식장 축하 화환으로도 둔갑한다
꽃들이 자본주의식으로 부활하고 있다

장례식장에서 장례식장으로
심지어는 장례식장에서 결혼식장으로 옮겨 다니는
저 후안무치한 자본주의적 윤회의 고리!

죽음의 발차 역인 장례식장을 돌고 돌아
심지어는 생명의 발차 역인 결혼식장으로까지

아무런 양심의 거리낌도 없이, 전생의 업이란 원인도 없이
인과응보라는 말이 무색하게 결과적으로 부활하는 꽃들

자본주의적 부활의 도구로 전락한 저 꽃들이
변방에서 변방으로 겉도는 우리들의 자화상이 아닐까?

플라타너스 1

이브의 팬티들이 불륜의 햇살에
파르르 떨고 있다, 종합병원의 플라타너스!
그 녹색의 팬티들을 벗을 듯 말 듯
곱게 눈을 흘기며 고개를 기웃거리는 그 그늘 밑에선
불임의 아줌마들 깔깔대며 잡초를 솎아내고

원죄의 나뭇잎으로 치부를 가렸다지만
무성한 치모의 일부가 삐쭉 삐쳐 나온
부끄러운 아담이 실낙원의 고해소로 기어드는 순간
자동차단기가 발기하듯 급히 올라가고
응급차가 부산하게 들어오는 게, 누군가 죽으러 오나 보다

영안실 안에선 망자의 삶이 미화된 채
고스톱판의 쌍피들로 나뒹굴고 있다
소주판이 벌어지고, 나의 삶을 무시하지 말라고
담배꽁초들이 저마다 흰 이빨을 드러내며 사투를 벌인다
이슥고 익숙하게 찾아든 밤하늘에
달거리하듯 보름달이 뜨고

사바나 초원 톰슨가젤을 쫓아가는
저 표범들의 흰 이빨들이 달빛에 반짝이면
원죄를 무릅쓰고 성령으로 잉태한 세인트 메리들이
영안실 가까운 분만실로 줄지어 들어가고 있다

분만실과 영안실 사이
불과 오 분 거리를 돌아 돌아 지나온 세월이
바로 어제인 듯, 아주 오래전 일인 듯
뱀처럼 길게 늘어져 있다

이 익숙한 풍경들을 너무 자주 보아온
플라타너스 잎들이 달빛 속에서 몸 풀고 있다
저 멀리 베들레헴과 골고다가
서로를 허락하고 있다

플라타너스 2

살아생전 고단했던 육신이 영안실
한 모퉁이에 자리 잡아 편안히 쉬고 있다
영안실 창밖은 유난히 달 밝은 밤
개미 몇 마리가 달빛을 찍으며
자기보다 무거운 짐을 지고
플라타너스를 기어오르고 있다
그 넓은 이파리 사이, 후미진 골목길 입구
전봇대 불빛이 흐릿하게 깜빡거린다

사내와 여인이 바람처럼 쓸려 들어간다
골목 입구 쓰레기 더미들이
여름밤 열기로 후끈 달아올랐다
썩어간다는 것이다!
파리들이 웽웽대며 주위로 몰려들고
냄새는 여름밤의 끈적끈적한 공기로 전염되었다

나는 안경을 벗어들고 후— 입김을 불어 닦아 본다
그리곤 영안실 창문 유리창에

부패라고 아무도 모르게 써 본다
냄새는 영혼까지 비집어 들어와
모든 살아있는 것들을 침범하고……

나는 한때 티베트인들처럼 조장을 꿈꾼 적도 있었다
물기가 차츰 빠지며 살 공양이나 하면서
바람에 말려지는 아주 건조한 꿈
아니면 육체와 영혼을 깨끗이 소진해 버리는
화장을 꿈꾼 적도 있었다

모든 시간 속에 내재된 곰팡이들
이스트처럼 부풀어진 이 곰팡이들이
내 몸 이곳저곳에 자리 잡아
죽기 전에 이미 부패해버린 숙주(宿主)—
이 살덩이

플라타너스 3

종합병원 큰길 따라 양옆으로 길게 늘어선
플라타너스!
생과 사의 갈림길, 플라타너스 그늘 아래서
'茶兄'의 '절대고독'이 휴식 중이다
바람이 따스하다, 가끔 잎들이 뒤집혀져
속살을 내비친다, 물기가 촉촉한 속살
다형이 곧 눈물을 떨굴 것 같다
순수의 결정체들

응급차가 오후의 한가로움을 깨면서
웽웽대며 부산하게 들어온다
죽으러 오는 걸까, 살려고 오는 걸까?
삶과 죽음이 일상처럼 반복되는 나날들
로버트 프로스트가 두 갈래 길에서 고민한다
가지 않았던 길을 선택한 그의 등 뒤로 햇살이 꽂힌다
외로운 결정으로 그와 가족이 겪었을 시련들이
등 위로 활처럼 굳어져 갔다

나는 아들의 손을 꼭 쥐면서 말한다
“한때는 너의 미래를 재단해주고 싶었다”
자세히 보니 아이의 머리칼이 희끗희끗하다
새치를 뽑아주는 손이,
아버지가 병석에서 힘없이 내게 내미는 손이다

그렇게 세월이 갔다, 가시만 남긴 채
물기가 빠져나간 저 손, 손, 손들
살아있는 모든 것을 찔러주고 싶은 선인장 같은 세월이
오후의 강렬한 햇살을 받으며
사막 한가운데 머리 박은 선인장처럼
끈질긴 생명력을 과시하고 있다

삼월의 폭설

백 년 만에 내린 삼월의 폭설!
사물들이 백 년 동안의 고독*에서 깨어나
어둠 속에서 십자가들을 빤히 응시한다
마을마다 붉은빛을 발하는 십자가들,
서로에게 은밀한 고해(告解)의 불을 밝히는 저 많은 십자가들!
저 풍경 속에서 언제나 한 발 비켜선 어제의 강물들이
흐름을 멈추고 폭설 속에 감금되어 있다

어둠의 바다에 머리를 감는 밤
모든 사물이 속으로 침잠하고
자신들만의 기억으로 추억을 고해하는 밤
감각은 늘 여울지는 기억을 따라
저 눈 쌓인 나뭇가지들처럼 위태롭다
죄어오는 사방에 머리를 박으며
켜켜이 쌓인 어제의 먼지들을 털어낸다

안경을 벗고 흐릿한 창밖을 본다

까만 미래의 도화지 위로
추억의 흰 무더기들이 꿈송이처럼 마구 그어댄다
부질없었던 날의 위태위태한 꿈들
한때는 모든 피조물의 미래를 재단하려던
그 무모한 꿈속으로 사물의 기억들이 마구 투신한다

폭설이다, 사방이 마비되고
밤의 악령들이 사물의 혼을 빼는 밤
힘들게 늑골 밑에서 하얀 새알들을 꺼내
어제를 갈무리하듯 가슴에 품는다
부질없는 희망을 키워본다, 그 희망으로
미래가 얼마나 버거울지도 모르는 일
정말 모르는 일이다

---

*가브리엘 마르케스의 소설.

슬픈 테헤란로 1

생의 위태위태한 동아줄을 타고
고층빌딩에 착 달라붙어
유리창을 닦는다, 슬픔을 닦는다
닦아도 닦아도 지워지지 않는
질긴 생명의 얼룩들

아들아, 똥끝이 탄다
계속 실을 잣느라 아빠의 미주알이 다 빠졌단다
실 끝에 매달린 생을 부지하느라
미주알이 쑤욱 빠졌단다

생사를 넘나드는 곡예를 마치고
빌딩 유리창에 달라붙었던 거미들
제 거미줄을 항문으로 거두어들이고선
포장마차에서 소주잔을 기울인다
닭똥집을 안주로 하루를 마감하고 있다

알전구 흐린 불빛이

거미들을 조심히 어루만져 주는데
거미자리의 잔별 하나가 소주잔에 풍덩 빠진다
생의 벼랑 끝에서
잘라버리지 못한 미주알 같은 사랑 하나가
무역센터 빌딩 유리창을 오르고 있다

별똥별이 내려주는 동아줄을 타고
등이 유난히 흰 거미 하나가 귀천하고 있다
소주가 은하수처럼 흐르는 슬픈 테헤란로
그 뒤안길의 밤

슬픈 테헤란로 2

테헤란로에 비가 내린다, 정말 어색한 비!
팔레비와 호메이니처럼
이스라엘과 팔레스타인처럼
조지 부시와 빈 라덴처럼
존재와 존재 사이로 파고드는 팽팽한 빗줄기

전갈과 독사들이 창문 뒤에 숨어
조심스레 테헤란로를 응시하고 있다
누구의 독이 더 강렬한지 서로 모르는 일
사막을 건너려면 각자 알맞은 맹독을 지녀야 한다
누구도 넘볼 수 없는 단단한 고독 같은 맹독

오아시스는 꿈속에서나 있다
신기루처럼 떠다니는 말들
꼬리에 꼬리를 문 자동차들처럼 끝이 없다
서로를 죽이려는 음모의 말들
낙타가 큰 혹 속에 배신의 말들을 저장한 채
터벅터벅 테헤란로를 걸어간다

오래전 바빌론왕조의 바벨탑이
신기루처럼 무역센터 위로 어른거린다
이어 수많은 언어로 갈라지고
말이 안 통하자 독을 뿜으며 이전투구의 싸움을 한다
빗속에서 무역센터가 무너지고 있다

사람들의 피부색이 달라지고
각자 어디론가 매연을 내뿜으며 재빨리 사라져간다
화해의 제스처로 그대들이 내미는 손,
그것은 사막의 선인장 가시들이다

둥글다는 것

아침 햇살에 대항하여
이슬방울이 나뭇잎 위를 또르르 굴러가는데
그 모습이 마치 둥근 자궁 속에서
돌돌 말린 태아의 모습이다
태동할 때마다 둥글게 퍼져가는 양수의 동심원
그 파장으로 산모의 배가 더욱 둥글어져 간다

자기의 몸을 최대한 둥글게 말아
역한 냄새를 피우며 자신을 방어하던
수많은 노래기와 쥐며느리들

서울역 지하도에서
술에 전 노래기와 쥐며느리들이
자기의 몸을 김밥처럼 말아, 독한 냄새를 피우며
고단한 기억의 칼잠을 자고 있다

그렇다! 둥글다는 건
모난 세상에 대한 최소한의 자기방어일 것이다

제2부

슬픈 아일랜드* 1
— 입문

어디서 발원하는가, 저 강물은?

동고서저(東高西低)의 꿈길 따라 서쪽으로, 서쪽으로 숨 가쁘게 달려와 이곳에서 잠시 숨을 고른다 서역으로 가는 길은 멀기만 한데 어느새 강가에 고이는 핏빛 노을! 나는 모래섬 발치에서 노을과 다가오는 어둠 사이로 간신히 지친 몸을 밀어 넣는다 하나둘씩 서둘러 빠져나간 텅 빈 공간엔 음모와 배신과 욕망의 시체들이 뒤엉키고 나는 오래된 안경을 벗어든 채 녹슨 기억을 하나씩 쓸어 모아 부질없이 모래성을 쌓아본다

그 옛날 기억의 아스라한 경계선 따라 세월의 긴 강을 건너온 카라반 대상이 고단한 꿈을 풀고 가는 이곳, 여의도 모래섬에 바벨탑처럼 63빌딩이 솟아오르고 사라져간 누란왕국 너머로는 방송국들과 국회의사당 그리고 금융기관들이 점령군처럼 접수하였다 아, 언제부터인가 카라반 대상이 스쳐 간 자리엔 전갈과 독사들이 우글거리고

하여, 이곳에서 나의 꿈은 이미 오래전에 상실되었다

---

*윤정모의 소설 제목.

슬픈 아일랜드 2

―칼레의 시민들이 본 대통령제냐 내각제냐의 1997년 대선

수양은 칼레의 시민 여섯 명이 성삼문의 관을 앞세우고 에드워드 3세 앞에 출두하여 칼레의 시민 전부를 살려달라는 꿈을 꾸곤 한명회를 불렀다. 생육신 모두를 도륙시키고 사육신까지도 부관참시하라고 아뢰자 고뇌에 찬 수양이 궁여지책으로 아퀴스트 로뎅에게까지 자문한 결과, 생각하는 사람은 생각으로 망한다고 하였다.

칼레의 시민*들은 프랑스와 영국의 백년전쟁의 와중에서 이방원을 따를 것인가? 정도전을 따를 것인가? 대통령제냐, 내각제냐의 기로에서 백 년 동안의 고독 속으로 파묻혀 들어갔다.

마르케스가 마콘도에서 근친상간의 혼돈 속에 파묻힐 무렵, 이미 그 조짐은 수양의 증손 연산군이 큰어머니를 범하면서 현실이 되었다. 원죄를 지은 이성계가 아담에게 도움을 청한 결과, 원나라와 명나라 사이에서 어느 한 곳을 선택해야 한다고 자문하자, 칼레의 시민들은 프랑스 편에도 영국 편에도 설 수 없다고 정치에 무관심하였다.

최인훈이 광장에서 남으로도 북으로도 갈 수 없는 시민들은 제3국 인도로 가자고 외쳤으며, 그 와중에 로뎅은 생각하

는 사람이 되어 '까미유 끌로델'의 자궁 속으로 숨어 들어가 버리고, 대다수 칼레의 시민들은 근친상간으로 가는 마지막 비상구인 마콘도에서 자신들의 정체를 잃어갔다. 가끔은 생존 수단으로 한명회의 수청을 들기도 하였으며 보험을 든다는 기분으로 영월 청령포를 향하여 바빌론 강가에서 히브리 포로들처럼 울기도 하였다.

그 무렵 오를레앙의 잔 다르크가 수세에 빠진 프랑스를 구하자 칼레의 시민들은 백 년 동안의 고독 속에서 빠져나와 마콘도의 실상을 보는 듯하였으나 끝내 잔 다르크가 체포되어 영국 측에서 마녀재판 끝에 화장되자, 수양은 마침내 단종을 죽이게 되었다. 양심의 가책을 느낀 수양은 아담에게 부끄러운 몸을 가릴 나뭇잎을 달라고 하였으며 궐내에 불교를 들였다.

전쟁이 끝났어도 칼레가 영국의 속령으로 남아 있자 칼레의 시민들은 왕권(王權)의 프랑스, 신권(臣權)의 영국이냐를 놓고 고민도 하였으나, 결국은 근친상간의 마콘도로 다시 빠져들었다. 그 후 먼 훗날 이웃한 독일이 그들을 유린했어도 강력한 드골과 '피와 땀과 눈물'을 요구하는 처칠만이 이에 대항하였을 뿐, 칼레의 시민들은 잔 다르크의 치마 속에서 빠져 나오지 않았다.

---

*영국과 프랑스의 백년전쟁 당시 칼레를 점령한 영국의 에드워드 3세는 칼레의 시민 중 여섯 명의 생을 원하였는바, 이를 소재로 아귀스트 로뎅이 조각품으로 남겨 불후의 명작을 만들었음.

슬픈 아일랜드 3

—아일랜드와 한국의 민족주의에서 본 2002년 대선

예이츠는 현해탄을 건너며 조국 아일랜드와 조상의 나라 영국 사이에서 고민하다가 윤심덕과 김우진이 〈사의 찬미〉를 부르면서 바다에 몸을 던졌다는 선장의 급작스러운 말을 듣고 또다시 갈등하기 시작하였다.

제임스 조이스가 문학적 망명지 파리에서 『율리시즈』와 『젊은 예술가의 초상』을 쓰면서 점점 미쳐갔듯이, 오스카 와일드와 사무엘 베케트와 조지 버나드 쇼가 경성과 동경의 『두 도시 이야기』 속에서 현해탄 콤플렉스에 시달렸듯이, 자신도 더블린의 그 선술집에서 데이비드 린 감독의 〈라이안의 처녀〉를 보고 또 보곤 한 기억을 떠올렸다.

조국 아일랜드가 영국 옆에 있어서 불행한 나라라면 조선은 일본 옆에 있어서 불행한 나라라고 할 수 있다. 옆의 서정주와 이광수가 그래도 자신들 처지보다 훨씬 낫다고 위로하는 것이 예이츠에게 위안이 되었다.

그러나 예이츠의 뿌리는 영국이다. 오래전 제임스 1세, 엘리자베스 여왕, 그리고 크롬웰이 조국 아일랜드 북부를 정복하고 강제로 청교도들을 이주시킨 것이 불행의 시초라면 시초일 것이다. 그 후로 영국계 아일랜드인인 예이츠의 인생은 조국 아일랜드와 조상의 고향 영국을 오가는 방랑 생활의 연속으로 점철되었다.

예절 바르고 사리분별력이 뛰어난 영국인에 비해 술을 좋아하고 가무를 즐기며, 성질 급하고, 정이 많은 아일리쉬 계열이 어찌 보면 훨씬 시인에 가까울 것이다. 서정주가 국화 옆에 서서 신라적으로 말하였다. 요새 후배들이, 특히 필명을 떨치려는 문단 신인들이 자신의 문학 여정을 난도질하면서 낙양의 지가를 올리고 있다고 하였으며, 채영신이 학교 종을 치는 옆자리에서 이광수는 동경 유학이 자신을 이렇게 만들었다며 후배들이 '무정'하다고 괴로워하였다.

예이츠는 아일랜드 문예부흥기에 자신이 아일랜드어 대신 영어로 시를 쓴 것이 아일랜드 민족주의자들로부터 호되게 비난받았지만, 제임스 조이스가 더욱 안타깝다고 생각하였다. 조이스는 아일랜드 문예부흥의 본질이 편협된 내서널리

즘이라고 반발하여 고향 더블린을 등진 채 37년간이나 국외에서 살았지만, 실제로 그의 작품은 더블린을 배경으로 한 주옥같은 것들이었다.

2002년 개최된 한일 월드컵에 대한 특집 중 '화끈한 한국인, 예절 바른 일본인'이라는 사설로 아일랜드와 조선을, 영국과 일본을, 한 묶음으로 묶어버렸다. 조선은 '대~한민국'이라는 구호 아래 굳건히 뭉쳐 있고, 북쪽의 연개소문은 여전히 막강한 군사력으로 북방과 남방 정벌을 호시탐탐 노리고 있다. 서정주는 북쪽에서 배척당하다가 이제는 조선 문단에서도 말이 많다고 하였다. 이광수와 서정주의 친일행적이야 이미 알려진 바이다.

예이츠가 따뜻한 말로 거들었다. "이보게, 미당과 춘원! 당신들 조국은 왜 그리 편협한가? 우린 800여 년간 영국의 지배를 받았는데, 겨우 36년을 가지고 그러는가? 나는 이 일로 800여 년간 고민하였네. 이제 모두가 하나가 되는 '이니스프리의 호도(湖島)'가 곧 나타날 걸세. 그때까지 기다리시게. 원래 나의 조국 아일랜드나 자네들 조국 조선은 정이 많고 선량한 사람들 아닌가? 사실 어찌 보면 일본의 뿌리는 자네들 조선이 아닌가?"

조금은 위안이 되었지만 미당, 춘원 모두 윤심덕과 함께 바다에 빠지지 않은 게 후회스러울 뿐이었다. 미당과 춘원이 통음(痛飮)하며 신세를 한탄하자, 멋쩍은 예이츠가 아일랜드 문예부흥 사무실로 돌아가 버렸다.

그 틈에 창비와 문지가 겉으로는 손을 잡았고, 문학동네가 우리 동네 살기 좋은 곳이라고 하였다. 세계의 문학과 세계사는 글로벌하게 놀자 하였고, 실천문학은 실천이 우선이라고 하였으며, 민음사는 국민투표로 하자 하였고, 문학사상은 사상적으로 놀자고 하였으며, 문예중앙은 가운데서 해결하자고 하였고, 현대문학은 현대적으로 시작하자고 하였다.

이러한 와중에 미당의 제자들은 부관참시당하는 스승이 정말로 안타까웠으며, 이제 그 이야기는 "제발, 이제 그만!"이라고 외쳤으나 그 목소리는 드높은 민족주의 파도에 묻혀 현해탄 깊숙이 희미하게 사라져갔다.

슬픈 아일랜드 4

— 율곡의 실용론과 퇴계의 이상론에서 본 2007년 대선

천 원짜리 퇴계가 명륜당에서 주리론에 대해 이상적으로 설파하자, 오천 원짜리 율곡이 대나무로 지어진 오죽헌에서 주기론을 현실적으로 이야기했다.

소크라테스가 퇴계에게 줄을 대는 합리적인 선택을 하였고, 스토아학파의 금욕주의자와 칸트를 비롯한 대륙의 합리주의자들이 그 뒤를 이었다. 이에 반해 에피쿠로스학파의 소피스트들, 영국의 실용주의자인 밴덤, 흑묘백묘론으로 중국을 실용주의로 몰고 간 덩샤오핑이 현실적으로 율곡에게 줄을 대었다. 퇴계가 도산서원 속으로 숨어들어 가서 학문에만 열중하는 사이 율곡은 십만양병설을 주장하였고, 정약용 등 수많은 실학자가 율곡의 뒤를 이었다.

지난 십 년간의 대통령선거는 대통령제냐, 내각제냐 그리고 반미, 반제의 민족주의 등을 표방한 촛불시위가 승부를 갈랐으나, 이번에는 민족주의가 쇠퇴하고 나라 경제 살리기가 우선시되었다.

이렇게 슬픈 아일랜드의 역사는 늘 반복되어왔고, 이상론

과 실용론이 사색당파의 그늘에서 합종연횡하곤 하였다. 고구려가 남하하자 신라와 백제는 나제동맹으로 대항하다가 신라가 다시 당과 힘을 합하자 고구려와 백제는 여제동맹으로 맞섰고, 이는 곧 어제의 적이 오늘의 동지가 되는, 정치는 살아있는 생물이라는 마키아벨리 군주론의 이론적 근간이 되었다.

이어 절대군주가 신흥 부르주아인 산업자본가에게 자리를 내주자 마르크스가 "전 세계의 노동자들이여, 궐기하라"고 하였으며, 힘에 부친 '지바고'가 백군도, 적군도 아닌 '라라'를 택하자, 홍위병들이 지바고에게 혁명의 장애가 된다고 자아비판을 하라고 하였다. 이에 검은 고양이 네로와 흰 고양이 연산이 서로가 더 왕권을 강화하였다고 아전인수격으로 주장하자, 참다못한 슬픈 아일랜드 백성들이 흑묘백묘론의 경제 살리기에 몰표를 주었다.

의리와 명분을 중요시하는 주전파는 백성의 배고픔을 모르는 채 남한산성 꼭대기에서 몽고 침입 때 삼별초처럼 결사 항

전하였지만, 끝내 천 원짜리 지폐 밑으로 들어가는 수모를 겪었으며, 현실을 외면할 수 없는 주화파들은 오천 원짜리 지폐 밑으로 들어가, 훗날 효종에게 북벌론을 주장케 하였다.

한편 이론에 강한 천 원들은 일반 백성들이 쉽게 자신들에게 접근할 수 있어 오히려 오천 원들보다 더 호소력이 있다고 현란한 수사학을 발표하였으나 슬픈 아일랜드 백성들은 이번에는 명분을 버리고 현실을 압도적으로 지지한 결과, 우측으로 급회전하였다.

예로부터 서양에선 예수가 하느님 오른편에 앉음으로 인해 오른편이 '선', 왼편이 '악'인 반면, 동양에선 좌의정이 우의정보다 높은 자리인 것처럼 좌가 우선되었으나, 이번엔 슬픈 아일랜드 백성들이 '명분의 좌'보다는 '현실의 우'를 더 중요시하였다.

그러나 소수의 마오쩌뚱이 다수의 장제쓰를 제압하였듯, 슬픈 아일랜드는 또 어느 방향으로 틀지 모르지만 현명한 슬픈 아일랜드 백성들은 남과 북이, 좌측과 우측이 아주 잘 조화되는 현실적인 유토피아가 곧 이루어질 것이라는 믿음 속에서 늘 메시아를 기다리며 살아간다고 한다.

슬픈 아일랜드 5
—부하에게 암살당한 시저와 박정희

예언자의 불길한 예감이 발길을 사로잡았지만, 원로원으로 향하는 시저의 마음속에는 배신과 음모는 세상 살아가는 데 다반사라고 중얼거리며 애써 태연하였다. 방송국 기자들이 포토라인을 무시한 채 달려들었고, 건장한 보디가드가 앞다투어 막았지만 집을 잃은 수재민들, 집값이 너무 올랐다고 아우성치는 군중들은 막무가내였다.

그 옛날 갈리아 지방 원정 시, 군대를 해산하고 돌아오라는 원로원의 명령을 무시한 채 루비콘강을 건너며 내던진 주사위가 발 앞으로 던져졌지만, 아무도 그것을 주우려 들지 않았다.

클레오파트라는 방송국에 출연해야 한다고 성화였다. 얼마 전 방송국 사장이 클레오파트라의 근친상간과 자신의 간질병에 대해 황제 즉위식에서 양심선언을 하겠다고 협박했다. 황제가 되더라도 방송국은 그대로 놔두겠다고 무마할까, 아니면 방송 출연을 미끼로 성 상납을 받은 사실로 맞불을 놓을까? 생각해보았지만 "간질병이 뭐, 그렇게 부끄러운 것인

가. 이집트에선 근친상간이 아무렇지도 않은데……"라는 결론에 이르자 여간 자존심이 상한 게 아니었다.

삼두정치가 무너진 게 내 탓은 아닌데, 로마와 로마시민을 위해 "권력은 총부리에서 나온다"라는 모택동의 연설을 원로원에서 해야겠다는 생각이 미치자, 채찍도 필요하지만 당근도 필요했다. 이참에 원로원을 설득하려면 엄청난 자금이 필요한데, 충직하지만 낭만적인 안토니우스는 안 되겠고, 영리한 옥타비아누스가 증권사를 통하여 합법적으로 자금을 모으는 게 좋겠다고 생각했다. 지금 로마는 공화정 말기여서 원로원 의원들이 너나없이 제 몫 챙기기에 바쁘다. 강력한 군주제만이 강력한 군사독재만이 로마를 세계제국으로 발돋움시킬 수 있다는 생각이 떠오르자 발걸음이 너무 가벼웠다.

"왔노라, 보았노라, 이겼노라!" "로~마제국" 등을 외치며 지지자들이 몰려들었고, 시저가 원로원 입구 궁정동에 이르렀을 때, 그가 아끼던 브루투스가 가슴과 이마에 총을 발사하였다. "부루투스, 너마저도……" 그 유명한 '시저의 마지막 숨'이라는 말이 탄생하였다.

그즈음 인근 궁정동. 가슴에 관통상을 입은 박정희에게 〈그때 그 사람〉의 심수봉이가 "각하, 괜찮으십니까?"라고 묻자, "응, 괜찮아"라는 말을 남긴 박정희의 관자놀이에 김재규가 총을 쐈다.

이후 복수를 다짐하는 안토니우스도 옥타비아누스에게 배신당하고 오현제(五賢帝)라는 좋은 시절도 있었지만 복수와 음모와 배신은 로마제국 내에서 적지 않게 일어났으며, 그러다 게르만 민족의 대이동으로 제국의 뚝방에 물이 새기 시작하였다. 그것은 새로운 슬픈 아일랜드 역사의 또 다른 시작이기도 하였다.

슬픈 아일랜드 6

—끝없는 욕망의 63빌딩과 바벨탑

노아의 대홍수 이후, 다시는 물로써 심판치 않으리라는 여호와의 말을 믿지 못한 후손들은 바빌론 강가 전망 좋은 곳에 63층의 바벨탑을 쌓았다. 미다스를 불러 황금으로 유리창을 장식하고, 저 멀리 보이는 소돔과 고모라를 배경으로 사진을 찍은 아브라함의 조카 롯은 어젯밤 일을 몹시 후회하였다. "아무리 딸들이 유혹해도 그렇지, 어떻게 딸들을 범할 수가 있는가?"

여호와의 분노는 극에 이르러 사람들이 각자 다른 언어를 사용토록 함으로써, 대화 단절을 통한 불신의 탑을 쌓도록 하였다. 이에 사색당파들은 각자의 언어로 상대를 모함하였으며, 죽이거나 죽음을 맞거나, 저 멀리 탐라국으로 귀양을 가기도 하였다. 당파싸움은 슬픈 아일랜드 역사를 관통하는 원동력이 되었고, 지금도 조정에서는 싸움 잘 날이 없었다. 흑색선전과 중상모략 그리고 배반의 세월을 건너오면서 백성들은 향락에 빠지기 시작하였다.

소돔에서는 야훼의 법을 어겨 남색(男色)에 빠진 이들이 늘어나고, 고모라에서는 근친상간과 겁탈 그리고 부녀자 납치가 더는 범죄라고 볼 수도 없는 지경이 되었다. 조폭 영화가 난무하고, 삼류예술로 포장한 포르노가 판을 쳤으며, 방송가에선 유명 여자 탤런트의 신인 시절 몰카가 공공연하게 나돌았다. 그 무렵 네로와 연산이 힘을 합하여 섹스공화국을 만든다는 것에 합의하였고, 여기에 아방궁의 진시황과 낙화암의 의자왕이 연합군을 형성하여 여인공화국 아마조네스를 정복한 후, 예쁜 여인들을 후궁으로 맞이하고 나머지는 일반 백성에게 나누어주는 우민정치를 하였다.

보다 못한 모세가 십계명 판을 우민들에게 던지자, 한강 물이 갈라지고 그 밑으로 전철이 오고 갔다. 세례자 요한이 광야에서 "하늘나라가 멀지 않았으니, 회개하라!"라고 했다.

그러자 각종 사이비 종말론자들이 기승을 부렸고, 여호와는 의인 열 사람 없는 소돔과 고모라를 멸했고, 롯의 가족은 간신히 그곳에서 빠져나왔다. 소돔에서의 향락에 미련을 못 버린 롯의 아내가 뒤를 돌아보다가 소금기둥이 되어 백제 어느 마을 언저리에서 망부석으로 굳어갔으며, 세월은 언제 그랬냐는 듯이 슬픈 아일랜드의 새로운 역사를 창조하기 시작하였다.

슬픈 아일랜드 7
—한국 정당정치의 뿌리, 사림파와 훈구파

여의도 밤섬에 둥지를 틀었던 철새들이 떠나버리자, 중종은 조광조가 싫어지기 시작하였다. 사림파를 대거 등용시키고 고을마다 향약을 설치한 뒤 백성을 위한다는 말로 왕에게 교육이나 시키려 드니, 그 옛날 왕권을 강화한 반정공신들이 그립기만 하였다.

지금 조정에선 개혁의 피로감이 만연되어 있다고 훈구파의 수장들이 간언한 것이 중종의 마음을 조금씩 움직이게 하였다. 고르바초프가 획기적인 개혁으로 냉전체제를 종식했지만, 백성들은 그 옛날 공산주의 체제를 그리워하고 있다고 위훈삭제 당한 훈구파들도 집단으로 간언하였다.

왕위찬탈이라는 오명에도 불구하고 세조 시절에는 물가 하나는 확실하게 잡았다고 하면서 사육신, 생육신 등의 차원에서나 명분을 찾는 것이지, 일반 백성들은 당장 아파트 가격 상승과 물가 걱정들을 많이 한다고 택시 운전사들이 말하곤 한다는 것도 덧붙여졌다.

검은 고양이든 흰 고양이든 쥐를 잡는 것이 최고라는 덩샤오핑의 실용주의 노선이 무엇보다 절실하다는 결론에 이르자, 현량과(賢良科)를 설치하여 자기 사람들을 조정 요직에 박아두고 사사건건 간섭하는 조광조가 훈구파를 소인배라고 몰아붙이는 것이 어떻게 보면 큰 문제일 수 있다고 생각되었다.

링컨이 옆에서 거들었다. 동족상잔이라는 남북전쟁 초기, 북부에 불리하게 돌아가자 링컨은 노예해방선언으로 일거에 전황을 뒤집었다고 하였다. 외국의 인권주의자들을 북부 편으로 끌어들였을 뿐만 아니라 남부의 경제력의 근간인 목화밭과 땅콩밭의 노예들을 해방하여, 남부의 경제를 마비시키는 일석이조의 효과를 거두었다고 하였다.

마키아벨리도 정치는 도덕 위에 군림하는 것이라며 조광조의 철인군주주의(哲人君主主義)를 비판하였고, 왜국의 사학자들이 슬픈 아일랜드 백성의 피에는 사색당파의 피가 흐른다는 그들 특유의 식민사관으로 중종을 가슴 아프게 하였다. 이에 분기탱천한 단재 신채호가 민족사관으로 통쾌하게 극복하였다.

어찌 보면 얼마 전 드라마 PD가 지금 대중은 서민적 영웅을 갈망한다고 조언한 것이 맞을지도 모른다고 생각하였다. 로빈 훗이 그렇고, 홍길동, 장길산에 대해 대중들이 열광하는 것만 봐도 그럴 것이라고 수긍이 갔다.

"아, 그런데, 폭력 미화라는 나쁜 선례를 남길 텐데, 또 김두한이가 왜국의 야쿠자 몇 명을 혼내준 것이 독립운동하고 무슨 관계가 있을까? 후세의 사가들이 무엇이라 할까? 아, 정말 군주의 자리는 정말 고독한 정상이구나, 끝도 없는 이 고뇌를 백성들은 알까? 아, 오늘 밤에는 녹수에게 갈까, 장희빈에게 갈까? 여인들은 나에게 일시적으로 위안을 주지만 영원한 안식처는 아니다. 이참에 석가모니처럼 불가에 귀의할까?"

이런저런 고민을 하다가 중종은 용상에서 잠이 들고 말았다. 꿈에 주초위왕(走肖爲王) 사건이 일어나고 격분한 중종은 조광조를 삭탈관직하고 사사하였다. 이어 많은 사림파를 귀양 보내거나 사사하였으나, 백성들은 이들을 기묘명현(己卯名賢)이라 부르며 칭송하였다. 그해, 추운 겨울 성균관 입학

시험에 “연산군의 무오사화와 갑자사화를 통해 본 기묘사화의 정당성을 논하라”라는 문제가 유생들을 당황케 하였다.

슬픈 아일랜드 8
— 버릇없는 아이들과 버릇없는 어른들의 버릇없는 싸움

피라미드를 지키는 스핑크스가 수수께끼를 내자, 오이디푸스는 대뜸 요즘 아이들은 버릇이 없다고 대답하였다. 이에 안티고네가 진짜 버릇이 없는 건 아버지를 죽인 오빠라고 흐느끼자 오이디푸스는 아버지, 어머니를 몰라본 버릇없는 죄로 자신의 두 눈을 찔렀다.

소크라테스가 요즘 아이들은 사치하고 버릇이 없다고 광야를 헤매는 오이디푸스를 위로할 무렵, 오스트라시즘을 실시하려는 아테네 아고라 광장엔 오이디푸스 추방을 계기로 스파르타의 못된 버릇을 고치자는 버릇없는 원로들과 그래도 같은 그리스 민족인데 그럴 필요까지 있느냐는 버릇없는 젊은 아테네 촛불들이 서로 세 겨루기를 하고 있었다.

한편 지도자를 몰아내는 못된 패각추방 버릇이 자신의 왕권에 영향을 미칠까 봐 페르시아 왕은 그리스 해안에서 전함 훈련으로 무력시위를 하였다. 이에 스파르타가 경고도 없이 예의 못된 버릇으로 페르시아 전함을 야간어뢰로 공격하여 침몰시키자, 스파르타에 대한 국제사회의 징계 수위를 정하고자 교황을 중심으로 바티칸에서 각국의 국왕 회의가 열렸다.

처음에는 버릇없는 독일 국왕에 대한 '카놋사의 굴욕' 사건으로 전 세계 국왕 위로 교황이 군림하는 듯했으나 또 다른 버릇없는 프랑스 국왕이 교황청을 '아비뇽 유수' 하자, 교황의 힘이 급격히 약화하였다. 그리하여 UN의 중재에도 불구하고 각국은 이해관계에 따라 이합집산하였고, 특히 동쪽의 버릇없는 섬나라 왜국이 대륙침략의 발판으로 동방의 촛불 조선을 침공하겠다고 선언하자, 풍전등화의 조선 조정은 서로 네 탓이라며 그 버릇없는 사색당파로 나뉘어서 바람 잘 날이 없었다. 이에 이순신이 "전하! 소인에게는 아직도 열두 척이 배가 남아 있사옵니다"라고 아뢰면서 한산대첩으로 조정의 시름을 그나마 덜어주었다.

페르시아 국왕도 이 틈에 대규모 함대를 그리스로 급파하였고, 이에 스파르타의 정예 용사 300명은 을지문덕의 진두지휘로 페르시아 대군의 간담을 서늘하게 하였으며, 그리스 연합함대가 살라미스에서 페르시아 함대를 격파하자, 승기는 완전히 그리스 연합군으로 넘어가게 되었다. 한편 조선의 조정은 주초위왕으로 죽었던 버릇없는 조광조가 부활하여 수구세력에게 재공격을 가하며 민비와 함께 개화파의 재기가 이어지자, 못된 버릇이 몸에 밴 대원군은 버릇없는 민비와 개화파를 몰아내기 위해 서원철폐와 임오군란으로 재무장하였으나, 못된 버릇을 가진 청나라의 개입으로 좌절을 겪었다. 이런 와중에 백성들의 삶은 피폐해지고, 전봉준이 버릇없는 관리들을 응징코자 동학란을 일으키자, 슬픈 아일랜드의 백성들은 예전에 그랬던 것처럼 아고라 광장의 촛불로 활활 타올랐다.

한편 페르시아 제국의 침입을 막아낸 그리스는 민주주의를 꽃피우다가 그 민주주의가 주는 못된 버릇으로 소돔과 고모라처럼 타락해져 갔으며, 이내 교황에게 충성하는 변두리 버릇없는 국가로 변해갔다. 그런데 교황이 중세의 신을 앞세우며 점점 버릇이 없어져 가자, 새롭게 등장한 버릇없는 국왕들과 개혁파들이 그리스 인본주의와 손잡고 르네상스를 이뤄냈다. 기고만장한 그리스는 조상들이 만든 문화재로 관광 수입이 많아지자, 버릇없이 홍청망청 돈을 쓰다가 국가부도라는 버릇없는 사태까지 맞게 되었다. 이에 방랑시인 김삿갓은 "어쩌다 북녘땅은 핏빛으로 물들었나?" 하며, "세 살 버릇 여든까지 가고, 누구나 서로를 흉보면서 닮아간다"는 풍자시를 읊었다.

이러한 이야기들이 이집트 피라미드 벽화에 "요즘 아이들은 너무 버릇이 없다"라는 말로 압축되어 있는 것을 본 비평가 '프라이'는 자신의 저서 『비평의 해부』에서 역사는 늘 같은 버릇을 반복한다는 다시 말해 소통의 부재로 인해 "모든 새것은 옛것의 복원"이라는 신화비평과 원형비평으로 해석하였다.

제3부

곡비와 팽이

곡비는 살기 위하여 울고
그리하여 곡비는 밥 먹다가도 울고
잠자다가도 울고 심지어는 웃다가도 우는데……
울음이 서러울수록 울음의 값어치도 높아만 간다
타인의 죽음을 위해 실컷 울어주는 것이
바로 자신의 질긴 삶이었던 곡비

팽이는 울기 위하여
자신의 살을 깎으면서 울고, 더 울기 위하여
한겨울 꽁꽁 언 얼음장 위에 내던져진 채
부단히 자신을 채찍질하며 뜨거운 눈물을 삼킨다
맞을수록 온몸으로 하늘을 빙빙 얹고 돌면서
이를 악물고 울어대는 팽이

나는 그동안 살기 위하여 울어왔는가?
아니면 울기 위하여 살아왔는가?
내 마음 깊은 곳에서 자웅동체인 양
곡비와 팽이가 징징 울고 있다

선운사 꽃무릇

내가 전생의 업으로
가을의 손금 따라 운명의 길을 내어
핏빛 그리움의 선운사 꽃무릇으로 피어날 때
너는 저만치서 시퍼런 하늘을 가슴에 파묻고
푸른 잎으로 구름 위에서 하늘거리고 있었다

내가 이승꽃으로
선운사 주위를 핏빛으로 물들이는 꽃무릇으로 피어나면서
하늘 이마 주름 사이, 포자낭 같은 그리움으로
앞서간 너의 흔적을 더듬을 때
너는 그리움이란 저승꽃이 되어
피안의 언저리에서 잎을 틔워내고 있었다

꽃과 잎이 한데 어울리지 못하는 꽃이
무릇 꽃무릇 말고는 또 어디 있으랴
서로의 흔적을 더듬다가 이승과 저승에서
각기 피어나는 슬픔들

우리의 슬픔은 늘 그렇게 어긋난 길목에서
각자 피어나곤 하였다
피어나선 늘 그렇게 서로 그리워하며
탱화 속
이승과 저승 사이를 오가는 빛바랜 풍경으로 굳어져 갔다

구절초 어머니

여름의 마지막 페이지를 넘기자
가을의 첫 장부터 들판 가득 만발한
구절초 어머니

어머니, 어머니 부르면
가을 들판 교과서는 제 가슴을 펼치며
녹색 치마 위로
흰색, 분홍색, 연보라색 저고리의 어머니를
구구절절 선보입니다

새끼 들국화인 우리들을 보살피느라
당신의 가는 손가락 세 마디가
음력 5월 5일 단오절에 다섯 마디
9월 9일에 아홉 마디가 되어버린
삶의 주름진 행간들

그 문맥을 따라 읽다가
안광이 가을 들판 교과서를 관통할 즈음

피안의 경계선에서 구절, 구절
조각구름으로 피어나는 당신을 보기도 하는데

하여, 가을의 페이지에 침을 묻혀가며
한 장, 한 장 넘길 때마다
아홉 번이 아니라 아흔아홉 번의 마디를 꺾으며 살아온
당신의 행간들이 손끝에 아려옵니다

그러면, 어머니 들국화가 가득한 저 들판은
나에게는 삶의 교과서요,
낙양의 지가를 올리는 베스트셀러가 됩니다

물고기 아버지

아버지가 떠나시자 더욱 넓어진 빈방
조심히 발(鉢)을 걷어 올리자
방안 가득 고이는 그윽한 풍경 소리
조용한 산사에서 목어(木魚)가 운다

먼 여행길 가볍게 하시느라
며칠 전부터 빈속을 더욱 비우시던 당신
갈 길을 직감한 소가 '음메' 하며
순하디순한 눈망울을 떠 보이듯
퀭한 두 눈을 껌뻑거리며 물고기로 거듭나신다

내용물을 비워낸 빈방에서 아버지 소리가 울린다
풍경 소리에 올라타
물고기 아버지가 목어를 두드리며 방안 가득 유영하신다
아니, 당신의 빈 배를 두드리며 탁발하러 가신다
자면서도 두 눈을 부릅뜬 채
새끼물고기를 보호하던 애비 물고기
새끼들에게 내장을 내어주며

자신의 배를 비워가던 물고기 아버지

목어의 빈 배 같은 아버지 빈방에서
둥둥둥 아버지 빈 침대를 두드려 본다
그 소리에 풍경들이 자신을 때리며
소리 죽여 운다
그 소리가 연어처럼 저승까지 거슬러 올라간다

어머니의 아궁이

나이가 들면서 어머니의 양다리가 둥글게 벌어져 간다
휑하니 뚫린 둥근 모습이
아주 오래전 식구들 밥상을 차리느라
군불을 지피던 둥근 아궁이를 점점 닮아간다

어머니의 아궁이가 한때는 벌겋게 달아오르면서
가마솥에는 밥이 익고, 국이 끓곤 하였다
가끔 장에 나간 아버지가 술 냄새 풍기며
양손에 들고 온 생닭을
가마솥에 집어넣고 연신 매운 눈물 흘리며
불을 지피던 어머니
그날은 우리 식구들 장날이기도 했다
밥상에 옹기종기 둘러앉아
어머니가 뜯어주는 닭고기를 맛있게 먹곤 하였다
어머니의 아궁이는 또한 온갖 풍상을 빨아들이며
제비 새끼 같은 형제들을 뽑아내기도 하셨다

그 아궁이 불씨가 조금씩 사그라지면서

형제들은 어머니의 아궁이에서 멀리 빠져나와
이제는 오십을 전후한 나이로
각자의 둥지에서 제 살기에 바쁘다
한 아궁이에서 나온 형제들이지만, 각기 다른 모양으로
제사 때나 경조사 때 어머니 앞에 형식적으로 모여든다

아버지 가시고 더 이상 불씨가 지펴지지 않는
어머니의 아궁이가, 점점 둥글어져 가는 당신의 등처럼
양다리 사이에서 휑하니 둥글게 뚫려 있다
둥글다는 건
석양빛에 물든 서해안 바다나 서해안 나지막한 산처럼
휑하니 둥글고 서럽다는 것이다

껍데기를 태우며

내 나이만큼 오래된, 마포 최대포 집에서
돼지 껍데기를 안주로 소주를 마시다가
껍데기 같은 아버지 생을 문득 떠올린다

털을 깎고 무두질하듯 생을 두드리던
초근목피의 탐라국 4·3 와중의 해방공간
가죽을 벗겨내는 아픔으로
유토피아를 꿈꾸던 당신의 혁명
그 혁명으로 가족들 모두를
감시의 감옥으로 몰아넣었던
나의 어린 시절도
저 돼지 껍데기처럼 타들어 간다

세상에 껍데기 없는 것이 어디 있으랴
세월의 풍상을 저 껍데기만큼
잘 막아주는 것이 또 어디 있으랴
신동엽은 "껍데기는 가라"고 했지만
껍데기 없는 알맹이가 또 어디 있으랴

나의 든든한 껍데기였던 당신을
벽제 화장터에서 태우고 돌아온 그날 밤 꿈에
한겨울처럼 세상이 추웠던 알맹이인 나는
타들어 가는 당신을 질겅질겅 씹으며
소주를 털어 마신다

방패연

내가 하늘을 나는 방패연으로 거듭나던 시절
아버지는 대나무였다 잎이 무성한 속이 텅 빈 대나무
대나무 아버지는 제 살을 깎아 만든 긴 대나무 살로
머릿살, 장살, 중살, 허리살 등등 나의 뼈대를 만드셨다

창호지 할머니를 뜯어내 대나무 살에 붙이고
머리칼 어머니를 엮어 풀 먹인 연실을 만들고
참나무 할아버지를 깎아 얼레를 만들고
그리곤 할아버지가 아버지를 만드실 때 그랬던 것처럼
내 몸 한가운데를 뻥 뚫어 놓으셨다

하늘로 비상해야만 하던 시절엔
뻥 뚫린 가슴으로 바람이 자꾸 빠져나가
빠르게 올라가지 못했다
남보다 늘 뒤처진 채 아등바등 뒤따라 올라가며
가슴으로 새는 바람 때문에 늘 아버지를 원망하곤 했다

한참을 지나 높은 하늘에서 내려오는 지금에서야 알았네

뻥 뚫린 가슴으로 인해 남보다 쉽게 하강할 수 있음을
가슴이 뚫리지 않는 다른 방패연들은
끝없이 날아오르다가 높은 하늘에 부딪히거나
아니면 연줄이 끊어져 멀리 날아가 버리곤 하였다

이제 나도 내 아이들을 방패연으로 거듭나게 하여야 할 때
대나무 아버지처럼 아이들 가슴에 둥근 구멍을 내어 본다
끈질긴 인연의 팽팽한 연줄 끝에 매달려 있는 아버지가
이 모습을 보고 하늘가에서 빙그레 웃고 계신다

곶감의 추억

삼우제 제사상에 곶감을 올리며
저승 가신 아버지,
이승에서의 말년을 반추해본다

생의 벼랑 끝, 꼬챙이에 꿰어
살갗이 벗겨진 채
서늘한 골방에서 서서히 말려지던 나날들
떫은 생이 가시는 길 외롭지 말라고
하얀 분말 같은 살비듬이 온몸에 내리고……
속으로 시커멓게 삭아가는 당신의 지난날들

그 지난날 속에서
뒷마당 감나무에 나를 매달아
매섭게 허리띠를 날리시던
절대로 돌아가시지 않을 줄 알았던 당신이
까치밥 서너 알을 남겨두신다
그 넉넉함으로 늘 푸근하였던
나의 어린 시절도 이젠 하나씩 물기가 빠져나가고

젊은 시절, 사상범(思想犯) 독방에서의
지독한 기억 때문이셨을까?
골방이 너무 갑갑하다고
가느다란 목소리로 내게 속삭이던 마지막 말들이
햇살 가루로 날리며
당신의 영정 위로 쏟아진다

곶감의 흰 가루를 털어내고
덥석 베어 물자
입안 가득 떫은 물로 고여 오는 당신의 지난날들
곶감 일부를 뜯어내어
까치밥 같은 고수레를 해본다

재산상속포기 청구

아버지를 포기하려고 가장 아버지를 닮았다는 내가
"살아서 평생 고생만 시키더니……"라며 한숨짓는
어머니 모시고, 법원 간다
십수 년 전 어느 날인가?
술 한 잔에 운전면허증도 없는 아버지가
덜렁 차주(車主)가 되어 돌아왔다고 하신다
그 후 각종 벌금이 아버지 앞으로 배달되고
살아생전 당신이 한 번도 타보지 못한 그 차
의정부 어딘가에 무단 방치되어 있다고 연락이 온 지 얼마 안 되어
폐차처럼 쓸모없게 된 아버지
폐차처럼 분해되어 저승 가시고

평생을 주위 사람들에게 속아서만 살아온 아버지
각종 보증은 도맡아 하시더니 무엇이 그리 섭섭하신지
폐차를 타고 빚이 되어 다시 살아 돌아왔다
재산만 상속되는 게 아니라
빚도 상속된다는 이야기를 들으신 어머니

"이젠 줄 게 없어서 빚까지 남겨주는구나
젊어서는 사상범으로, 나이 들어서는 각종 보증으로,
말년엔 똥오줌까지 받아내게 하더니……"
아버지처럼은 살지 말라고 늘 당부하시던 어머니
오늘따라 굽은 등이 더욱 굽어 보인다

아버지를 포기하러, 아니 나 자신을 포기하러 법원 간다
내 몸속에 깃들어 있는 아버지를 부정하러 법원 간다
잘 익은 수세미처럼 속이 텅 빈 골다공증의 아버지를 포기하면서
아버지처럼 온몸의 부속품들이
하나씩 마모되어가는 나 자신을 본다
부정하면 부정할수록 더욱 고개를 내미는 아버지
질긴 인연의 줄 같은 햇살을 타고, 기우뚱거리는 고물차로
술 취한 당신이 내 안으로 들어온다

들국화 운동회

드높은 파란 하늘과 양털 같은 흰 구름이 배경인 하늘 운동장에서
고사리손의 들국화들이 가을 운동회를 한다
대낮인데도 반짝거리는 반딧불이가 성화를 봉송하자
배짱이 악단의 반주에 맞춰 고사리손 들국화들이 교가를 부르고
이어서 귀뚜라미 교장 선생님이 돋보기 끼고 개회사를 낭독한다

하늘을 닮아 파란 청군과 구름을 닮아 몽실몽실한 백군이
달리기도 하고, 바구니를 터뜨리기도 하고, 줄다리기도 한다
참새 응원단이 하늘 높은 곳에서
지지배배, 지지배배 기집애같이 청군 들국화를 응원하자,
가을 고추잠자리들이 하늘거리는 코스모스 위에서
붕붕 붕알 같은 소리를 내며 백군 들국화를 응원한다

가을 고추가 가을 햇살 아래서 빨갛게 익어가는 들판엔

허수아비 노총각들이 낄낄거리면서 바지춤 내리고 소피를 본다
오줌 줄기를 쳐다보며 눈이 휘둥그레진 처녀 들국화들
그들의 봉긋한 젖가슴을 허수아비들이 흘끔 쳐다보자
싫지 않은 듯 호호호 웃으며 흰 눈을 치켜뜨는 처녀 들국화들

운동장 한구석엔
할미꽃 할머니들이 틀니를 빼내 햇볕에 말리고
개미들은 김밥을 싣고 하늘 운동장으로 모인다
개구리가 반찬을 나르고 메뚜기가 간식을 나르는 사이
포도들은 자기 속을 까뒤집으며 후식을 준비한다

보름달만 한 박이 풍만한 엉덩이를 까고 지붕 위에서
쉬— 하고 있는 우리 마을
해마다 가을이면 들국화 운동회가 열리는 우리 마을은
살기 좋은 곳, 인심 좋고 마음씨 고운 곳이다

新용비어천가

마음속으로 점점 뿌리가 깊이 내리면서
뿌리 깊은 나무
세월의 바람에 한 치도 흔들림 없이
자신을 비워갔다

자신을 비우면서 점점 울림이 커지는
저 크디큰 울림통
가까이 다가서면 저절로 울리는
자명고(自鳴鼓)처럼
당신의 냄새가
사방으로 물무늬처럼 번져 나간다

울림으로 가득 찬,
당신의 저 뿌리 깊은 빈방에
물수제비뜨듯 돌멩이를 던지자
파문처럼 번져오는
꽃 좋고 열매 많던 시절들

가뭄에도 마르지 않는 샘이 깊은 물처럼
겹겹의 나이테들을 하나로 아우르며
큰 강물 줄기로
메마른 나의 꿈속에까지 고여 오는
샘이 깊은 당신의 빈방

박쥐우산

저기 아무렇게나 방치된
박쥐우산
살들은 벌겋게 녹이 슬었고
손잡이는 반들반들 세월의 때가 낀 채
누런 검버섯이 피어 있는 검은 얼굴을 떠받치고 있다
펼치면 맞물린 치아들 사이로
세월의 살비듬이 뚝뚝 떨어질 것 같은
박쥐우산을 조심히 펼쳐 들고
빗속을 거닐어 본다

낡은 박쥐우산 아래서
그래도 비에 젖지 않는 기억들
"아버지, 황금박쥐는 왜 해골바가지예요?"
"그건, 악당의 무리를 무찌르기 위해 겁을 주기 위해서란다."
그 커다란 우산 아래서 늘 푸근하였던 시절

이제 골다공증의 바람이
박쥐우산을 조심히 어루만진다

물기가 빠져나간 바짝 마른 근육
기억이 하나 둘 허옇게 변색된
치매에 걸린 저 가느다란 머리칼

빈 마음으로 더욱 가벼워진
저기, 저 쪼그라든 박쥐우산 하나
치아가 반쯤 빠진 빈 입을 씰룩거리며
어린아이처럼 천진난만하게
연신 빙긋빙긋 웃는다

오늘따라 더욱 넓어 보이는
아버지의 방

칠월칠석

칠월이라 칠석날, 별나라는 야단법석 잔칫날이다
일 년 동안 목 빠지게 기다린 기린별들이 목을 빼고
잔치 시작을 알리자 별똥별들이 은하수를 건너며
미주알이 쑤욱–쑥 빠지도록 형형색색의 축하실을 뽑아낸다
미리내 자갈별들이 흰 봉투 들고 반짝반짝 축하하러 오고
두주불사 북두칠성은 막걸리 한 통 들고 오다가 칠성단 고개에서
긴 팔 국자로 퍼마시고서는 깜빡깜빡 잠나라별로 여행 간다
달나라별 토끼는 계수나무 아래서 떡방아 찧어
이웃한 별에게 깡총깡총 돌아다니며 반달떡을 돌리자
큰곰별, 작은곰별 일제히 덩실덩실 재롱을 떨며 킁킁거린다

거문고별 마을의 직녀와 독수리별 마을의 견우가
일 년 만에 두근두근 상봉하는 잔칫날
지구별에서 출장을 온 까마귀와 까치 떼가
미리내를 가로지르는 오작교를 놓자
베 짜는 상제의 딸 직녀와

그녀를 감히 넘본 죄로 귀양 갔던 소몰이꾼 견우가
까마귀와 까치의 머리들을 밟고 해후한다
그래서인지 까치의 머리가 반들반들 왕관별처럼 유난히 희다

삼각관계의 백조자리별도 이날만은 자신의 우아한 자태를
은하수 깊숙이 잠수시키고
보초병 궁수별들도 뒷짐 지고 짐짓 헛기침만 한다
처녀별들은 쟁강쟁강 술잔별들을 들어 나르며
목동별들에게 살랑살랑 여우별들처럼 꼬리를 치고
땅꾼별들은 미리내 곳곳에 숨어 있는 물뱀별들을 몰아낸다
남쪽 하늘에서 호시탐탐 은하수의 빈틈을 노리는 전갈별들을
북쪽 하늘에서 눈 부릅뜨고 감시하는 북극성과 카시오페이아 별들!

칠월칠석날 각자의 위치에서 나름대로
견우직녀의 해후를 반짝거리며 축하하는 별나라별들

이 장면에서 어느 별 하나라도 빠지면 이웃한 나머지 별들이
옥수수 이빨처럼 좌르르 좌르르 별똥별로 떨어질 것이다
그래서일까? 답례품으로 기쁨과 슬픔의 눈물인 견우직녀비가
칠월칠석날 가끔은 지구별로 뚝뚝 떨어진다고도 한다

제4부

여행의 데자뷰
—화순 공룡 발자국 화석지에서

여행이란, 눈앞 풍경에 자신의 새로운 기억을 새기며 오래된 기억을 되새김질하는 일. 여행길 따라 새로운 기억과 오래된 기억이 뫼비우스 띠처럼 하나로 연결되는데……
몸의 기억인 유물론과 마음의 기억인 유심론이 동심원으로 파문이 져 하나가 되는 저기 저 낯설지만 낯익은 풍경들

이렇게 내가 아주 오래전의 나였음을 확인해주는 풍경들이 수억 년 전 공룡의 발자국처럼 찍혀 있다
하여, 누군가 건드려주기만 하면 기억들이 반짝반짝 점멸하며 풍경의 명맥을 이어가는데, 고로 우린 모두 기억의 노예들

여행은 불안한 미래를 더듬어 아스라한 과거를 들춰내는 일이기도 하다. 이제 막 알을 깨고 나온 아기 공룡이 내 오래된 기억 주위를 발자국 찍으며 걸어간다

내 마음의 피오르드 해안

태백과 소백이 등줄기를 꿈틀거리면서
갈기를 휘날리며 달려오다 긴 다리 꺾어 세우며
목 놓아 부르는 곳, 남해의 해안가 절벽

겨울 안에 꽁꽁 유배된 바다가 끙끙 신음하며
밤송이 같은 다도해를 토해낸다

뭉크가 귀를 막고 절규하였던
내 청춘의 피오르드 같은 낭떠러지 기억들이
긴 항해 끝, 솔베이지 품에 안기는 페르귄트처럼
이곳에 와 비로소 화해하고

부두에 정박한 배들도
서로의 날갯죽지에 고단한 머리를 파묻고
서로에 기대어 지난했던 항해를 반추한다

추억이 융기하고 기억이 깎여지며
시간의 빙벽 속으로 또다시 바다가 길을 내면서

비로소 서로를 허락하는 산맥과 바다

산맥을 타고 달려온 태양이
바닷속으로 그 지친 몸을 숨기자
팽팽해지는 수평선 위로 번져오는
붉은, 푸른, 노란, 연두, 분홍의 오로라 빛

그 빛 따라 이승과 저승 경계를 넘나드는
새 떼의 이마 위로 피어오르는
내 마음의 피오르드 해안

습곡과 침강이 계속되었던 내 오랜 기억의 부침도
이곳에 와서 비로소 다가올 미래의 기억과
서로에게 허락하며 화해한다

내 마음의 리아스식 해안

눈발이 리아스식 해안가를 따라
프랙탈, 프랙탈거리며 흩날린다
내 마음 구석구석 실핏줄 길 위로도
마구 흩날리는 기억들이
늘 같은 프랙탈로 반복되는데

작게 보면
눈발의 원초적 본능이란 뇌의 길을 따라 꾸불꾸불하기도 하고
크게 보면
희미한 너의 기억을 좇아 자동차로 달려가는 남해의 리아스식 해안가이기도 하다

오래된 기억의 침강과 새로운 기억의 상승이
리아스식 반복적 음계를 이루어 길게 신음하는 다도해 사이사이
겨울 쪽빛으로 오르내리고 있다

그래서일까?
내 마음의 동백꽃들은
해안선을 따라 붉게 피어나서 지곤 하는데
이를 크게 보면,
김춘수의 붉은 겨울 열매를 닮은
남해의 바닷가 동백꽃들이
산티아고 가는 순례길, 리아스식 해안가에 핀
오디 열매의 붉은 프랙탈로 연결되어 있기도 하다

달팽이 도시

달팽이관 가득 채운 림프액 심연으로
달팽이 도시의 낯선 모습이 미세하게 떨려오면
나선형의 미로를 더듬으며 피어나는 잔상들

어디서 보았던 것들일까?
분명, 낯설도록 익숙한데……

사유의 심연 속으로 배밀이를 하며
게으르게 더듬이를 세우면
슬며시 체위를 바꿔 가는
슬로우, 슬로우 시티의 실상들
천천히 음미하며 곱씹는다

혀끝에 와 닿는 귓불,
서로의 몸으로 느끼던 끈끈한 점액질
입안 가득 퍼지는
에스카르고*의 향기

이 맛도 분명
설탕을 녹여 이스트로 부풀게 하던 시절
그러니까 이 도시가 애벌레 시절
한가한 식객들이 즐겨 맛보았던
기억의 포자낭을 풀어놓은 것일 터

그래, 눈앞의 새로움이란 게
나비의 날갯짓을 경계로 한
옛것의 데칼코마니들일 뿐!

---

*달팽이 요리.

사려니숲길

새벽이 몰고 오는 한라산 안개의 숨결들을 거두어
금새우난에 이슬방울들이 강림하였네요
또르르 또르르 하품하며 사려니숲*을 깨우는 이슬들

이것 봐, 이것 좀 보라니까 글쎄!
소쩍새가 소쩍거리며 소쩍소쩍 대자
사농바치**가 따라간 노루의 배설물에
때죽 때죽 피어나는 때죽나무 새순들

박새가 반색을 하며
생이*** 소리로 휘파람새를 부르자
이제 막 초경을 시작하는 산딸나무가
고개를 끄덕이며 살짝 얼굴을 붉힙니다

족제비, 오소리도 이에 질세라 으음 하며 으름장을 놓자
졸참나무 처마 밑 으름난초가
둥굴레 무리 사이로 의젓하게 꽃대를 세우기도 하죠

어디, 그뿐인가요? 설문대 할망****이
한라산을 베개로 삼던 그 옛날의 삼나무와 편백나무가
당신 꿈길에 피톤치드를 깔아놓자
나는 서어나무 밑에서 서성이던 말테우리*****가 되어
당신을 무동 태우고 사려니숲길을 걸어갑니다

그래서일까요? 탐라국 돌멩이 숭숭 뚫린 숨구멍 사이로
오래된 사려니숲의 신화가 들숨 날숨으로
처녀림처럼 신비롭게 떨고 있다고도 하지요

---

*신성하고 신령스러운 곳. 신역(神域).
**'사냥꾼'의 제주 방언.
***'새'의 제주 방언.
****제주 설화 속의 거인 할머니. 500명의 자식을 낳았다고 함.
*****'말을 모는 목동'의 제주 방언.

슬픔의 기원

곶자왈 숲길에서 조심히 들춰보는
내 슬픔의 기원
사이 '시옷(ㅅ)'이라고 입술을 오므리면
곶자왈 숨골 따라 오래전 골바람이
스산한 휘파람 소리로 새어 나온다

푸른 숲의 '피읖(ㅍ)'이라고
입술을 수평선처럼 길게 늘어뜨리면
북방과 남방한계선에서 피어나는
너라는 이름의 주름고사리

그 주름 사이로 '슬픔'이라고 속삭이면
너에게 주었던 상처들,
내 몸 어딘가에서 하나 둘씩 눈을 뜨며
슬픔이라는 산꽃고사리삼으로 피어나는데

하여, 지워지는 상처의 손금 따라
곶자왈 언저리를 걷다가

곶자왈을 빠져나오는 길목에서
온전히 나를 잃어버려 간다

나의 슬픔은 늘 그렇게
너의 뒤꿈치를 좇다가 너를 잃어가며
낮달이 파르르 눈썹 떨구고 간 길섶에서
고비고사리로 피어나곤 하였다

선유도 몽돌해안

몽돌이란 이름이 '몽돌, 몽돌' 그러면서 쏴아아~
소리 내며 귓가에 와 닿는 게
모나지 않는 꿈을 굴리는 것 같아 듣기 좋지요?

나이가 든다는 건 글쎄, 뭐랄까? 으음……
세월에 떠밀리며 깎여
동글동글해지는 뭐 그런 거 아니겠어요?
뱃살도 몽실몽실 통통해지고
하긴 무덤가에 핀 꽃들도
동그란 무덤을 닮은 씨방에서 자란 것들이니까요

바다가 동그란 꿈을 굴렁쇠로 굴리며
거북이 알 같은 몽돌들을 양수와 함께 토해내는군요
저 멀리 새만금에 갇힌 폐경기의 바다가
꿈꾸는 돌멩이들을 부러워하네요 허, 그것 참!

어쩌면 그건
몽돌들이 쏴아아~ 소리 내며 꾸는

신선들이 노니는 해안가, 그 동그란 꿈속에서
당신과 함께 몽돌 같은 이중섭의 아이들을 낳고
'몽돌, 몽돌' 둥글게 살고 싶은 건 아닌가요?

남대천 반딧불이

무주 남대천에서 만난 반딧불이들
제 몸을 살라 자연의 등불이 되는 저 소신공양들
자연의 정령인 도깨비불로 날아다닌다

문명이 비켜선 어릴 적 고향마을 밤길에 피어난
깜빡깜빡 점등되는 기억의 등불들

자연이란 원초 기억의 퓨즈가 나가버린
이기(利器)의 세월을 살아오며 잊힌 기억의 등불들을
금강 상류 이곳 남대천에서 조심히 들추어낸다

이 땅의 강들 모두 오염되어도 이곳 남대천에선
노아의 비둘기가 물고 온 올리브 잎새처럼
반딧불이들이 구원의 빛으로 반짝이는데

일급수에서만 자란다는 다슬기만 먹다가
인고의 번데기 시절 뒤
우화등선의 꿈으로 날아오르는

저, 어린 시절의 도깨비불들

잊혀가는 시대
정녕 잊지 말아야 할 반딧불이들이다

다시, 사강을 지나며

살아온 생이, 살아갈 생에 걸려 넘어져
온몸이 소금에 절인 배추처럼 풀어져 내릴 때
이국적이면서 살가운 이름, 사강을 다시 가보자
활처럼 굽은 등 위로
고단한 삶의 무게를 짊어진 염부가
해풍에 맨몸 절이며
오체투지 하듯 고무래질로 바닥을 휘젓자
가두어둔 바닷물에서 피어나는 순백의 꽃들

생의 비단길을 돌아 돌아온 외발 수레가
늙은 낙타처럼 소금 창고 주위에 길게 누워 있고
해가 졸이고 바람이 말린 시간, 시간 사이로
지친 몸과 마음을 조심히 밀어 넣어 말려본다

앞만 보고 급하게 달려온 생의 기억이
더는 살아갈 생을 부패시키지 않도록
느린 세월의 간이 온몸에 배도록
햇빛에 내 마음을 내어 말린다

소금이 일어나는 물거울 위로
검버섯 핀 얼굴, 오래전 돌아가신 아버지가
등짐 진 낙타처럼 터벅터벅 걸어가신다

겨울 느티나무

마을 어귀, 겨울 느티나무가 옷을 다 벗어버린 채
자신이 간직했던 수많은 길을 겨울에게 알린다

느티나무의 손등에 굵은 핏줄 같은 가지들이
무수한 잔가지를 틔워
허공에 수도 없이 길, 길, 길을 낸다

우듬지 주위 허공은 새의 길이기도 한데
그 새의 길을 느티의 샛길들이
눈발처럼 마구 긋고 있는 것이다

프로스트의 「가지 않는 길」이 문득 떠오르지만,
온몸 구석구석 돌아다닌 느티의 피는 알고 있다
가지 않는 길은 결코 없으며 각기 지나온 길마다
고유한 기억과 냄새를 가지고 있다는 걸

옹이와 같이 아픈 상처의 길도, 더께가 더덕 붙어 있는 검버섯 같은 길도, 가슴을 벌려 새들이 둥지를 튼 길도, 길가 늑골 속 따스한 알의 길도, 벌레집 품은 길도, 짙푸른 느티의 길도, 곱게 눈을 치켜뜨는 관능의 길도, 쥐도 새도 아무도 모르게 너에게만 가는 길도,

저 앙상한 느티는 곳곳 거미줄 망 같은 길을
하나 하나 기억할 것이다

느티가 옷을 벗어 앙상한 가지로 선명한 길을 내듯
내 몸도 겨울 삭정이처럼 삭아져서야
내게도 굵은 핏줄 같은 큰길도, 잔가지 실핏줄 길도
무한히 있었음을 알게 될 것이다

개똥벌레

예전엔 너무 흔하다 하여 붙여진
개똥벌레라는 반딧불이가
사바세계 혼탁한 연못에 피어난 연꽃 주위로
자신의 혼불을 태워 가며 몰려든다

예전엔 개똥처럼 흔했다던 개똥벌레와
이전투구의 혼탁한 곳에서 피어나는 연꽃이 이루어내는
피안의 세계

둘 사이에 오가는 염화시중, 이심전심의 미소가
혼탁한 세상에 하나는 '불'로, 하나는 '꽃'으로
'불꽃'을 피워내는데

진흙 수렁 속에서도 물들지 않고
개똥 속에서도 아름다운 혼불을 태워내며
서로가 서로에게 눈물겹도록 허락하고 있다

해설

어느 시간여행자의 노래

우대식(시인)

강성철 시집 『슬픈 아일랜드』는 상당한 시간의 공력이 녹아 있는 까닭에 단순히 하나의 주제로 설명할 수 없는 복잡성이 가로놓여 있다. 살아온 날들에 대한 성찰에서부터 자본주의에 대한 냉철한 시선 그리고 동서양을 가로지르는 역사인식까지 시적 형식에 걸림 없이 자유롭게 상상력을 개진시키고 있다. 자신이 추구하는 세계에 대한 절실함이 응축된 까닭에 어떤 타자의 시도 전범으로 삼은 바 없는 개성적인 시집이 되었다. 새것에 대한 콤플렉스가 동반하게 되는 생경함이 이 시집에 없는 이유도 바로 절실함 때문이다. 각각의 시편들은 짧지 않은 호흡으로 온몸으로 밀어가는 인상이 역력한 육탄의 시라 할 수 있다.

뻐꾹 뻐꾹 뻐꾹새 숲에서 울 제
뻐꾸기 둥지 위로 날아간 새는 이미 새가 아니다
뻐꾸기는 둥지가 없기 때문이다
남의 둥지에 잘 있는 알을 내다 버리고
그 자리에 자신의 알을 낳는 뻐꾸기는 정신병자다
영어의 'cuckoo'는 뻐꾸기라는 뜻도 있지만
정신병자라는 뜻도 있다고 한다

뻐꾸기 새끼도 정신병자다
막 부화하려는 원주인의 알들을 밀쳐버리고
자신이 진짜 새끼인 양
양어미 새가 물어다 주는 먹이를 먹고 무럭무럭 자란다
자기 새끼를 죽인 뻐꾸기 새끼가 자신의 진짜 새끼인 양
헌신적으로 먹이를 물어다 주는 양어미 새도 역시 정신병자다

오랫동안 내 거실을 지켜온 뻐꾸기시계가 있다
뻐꾹 뻐꾹, 매시간 시계의 몸을 가르고 나와
울어대는 저 뻐꾸기시계 역시
자신의 시계 새끼도 아닌 뻐꾸기 새끼를 제 몸에 키우며
매시간 "땡 땡 땡" 울지 않고

"뻐꾹 뻐꾹", "cuckoo, cuckoo" 울어댄다

이 거대한 정신병동인 세상에서
나도 뻐꾸기시계 하나쯤은 가지고 사는 게 아닐까?
친자 확인 검사가 난무하는 세태 속에서
친자식 같은 시는 생산하지 못하고
뻐꾸기시계 같은 시만 매시간
"뻐꾹 뻐꾹"
"cuckoo, cuckoo" 울어대는 것은 아닐까?

—「뻐꾸기 둥지 위로 날아간 새」 전문

인용 시를 가장 앞에 둔 이유는 시적 주체로서의 자의식이 이 시에 오롯이 드러나 있기 때문이다. 1연에 나온 바대로 'cockoo'는 뻐꾸기라는 말 이외에도 미쳤다는 의미로 사용되기도 한다. 위의 시를 따라가 보면 "남의 둥지에 잘 있는 알을 내다 버리고/그 자리에 자신의 알을 낳는 뻐꾸기는 정신병자"이고 "자신이 진짜 새끼인 양/양어미 새가 물어다 주는 먹이를 먹고 무럭무럭 자"라는 뻐꾸기 새끼도 정신병자이며 "자기 새끼를 죽인 뻐꾸기 새끼가 자신의 진짜 새끼인 양/헌신적으로 먹이를 물어다 주는 양어미 새도 역시 정신병자다". 1, 2연이 사실에 입각한 보편적 인식이라면 3연은 시적 화자의 공간, 4연은 시적 화자의 내면으로 시선이 이동하고 있다. 이 시

의 핵심은 4연에 있다. "친자식 같은 시는 생산하지 못하고/뻐꾸기시계 같은 시만" 생산하는 것은 아닌가 하는 의구심이야말로 시적 화자의 정체성에 대한 물음을 스스로에게 던지는 것이다. 하나의 시적 전범을 마치 자신의 시로 착각하여 뻐꾸기를 친자식처럼 키우는 "양어미 새"와 같은 미친 잘못을 범할 수도 있다는 염려는 시적 화자로 하여금 팽팽한 시적 긴장을 유발하게 되는 것이다. 시에 대한 이러한 자존의 태도는 자연스럽게 참다운 삶은 무엇인가 하는 물음으로 전이된다. "현실과 차단된 벽 속에 갇혀 사는/장미와 닭!/감히 벽을 허물어 현실과 맞서지 못하고/주인에 의해 길들어진다"(「화훼농장 장미와 양계장 닭」). "장미와 닭"에 대한 비판적 시선은 길들어진다는 데 있다. 끝없이 꽃을 피우도록 요구당하고 밤낮없이 사료를 먹고 알을 낳도록 사육당하는 장미와 닭의 삶이란 주체적인 삶이 아니라는 데 비판의 끈이 닿아 있다. 타율적 삶은 결국 파탄에 이를 수밖에 없다는 인식은 시적 주체로 하여금 자신만의 시를 쓰고 싶다는 욕망과 궤를 같이하는 것이다.

장례식장으로 갔던 꽃들이
망자가 저승길을 향해 영구차에 오르자마자
숨도 고르지 않고 부활한다
살아생전 고인의 권세를
아니면 자식들의 권세를 가늠하던 화환들이

장례식이 끝나자 우르르 인근 화원으로 실려 가 부활한다

시들시들한 일부 꽃들이 싱싱한 꽃으로 교체되어
다른 장례식장으로 보내지고
심지어는 결혼식장 축하 화환으로도 둔갑한다
꽃들이 자본주의식으로 부활하고 있다

장례식장에서 장례식장으로
심지어는 장례식장에서 결혼식장으로 옮겨 다니는
저 후안무치한 자본주의적 윤회의 고리!

죽음의 발차 역인 장례식장을 돌고 돌아
심지어는 생명의 발차 역인 결혼식장으로까지
아무런 양심의 거리낌도 없이, 전생의 업이란 원인도 없이
인과응보라는 말이 무색하게 결과적으로 부활하는 꽃들

자본주의적 부활의 도구로 전락한 저 꽃들이
변방에서 변방으로 겉도는 우리들의 자화상이 아닐까

—「부활하는 꽃들」 전문

이 시집에서 주목하는 또 하나의 의미 있는 지점은 우리가

살아가는 삶의 방식으로서의 자본주의의 실상이다. 꽃은 존재의 본질 혹은 보이지 않는 아름다움의 유일한 현존으로 상징되어 온 것이 일반적이라 할 수 있다. 그러나 이 시에서 "부활하는 꽃"은 자본주의의 교환가치를 비웃는 역설적 의미를 띠고 있다. 장례식장으로 갔던 꽃들의 부활이란 자본주의 사회에서 꽃의 한정된 기능을 여실히 보여준다. 어떤 미학적 상징성도 띠지 못한 자본주의의 꽃이란 '돈'이라는 말로 바꾸어도 무방할 정도로 교환가치 외에 어떠한 의미도 가지지 못하는 것이 우리의 실상이라는 비판이 담겨 있는 것이다. "장례식장에서 장례식장으로/심지어는 장례식장에서 결혼식장으로 옮겨 다니는" 꽃의 운명을 결정하는 것은 이 시대의 사람들이며 그것은 또한 이 시대의 정신이기도 한 것이다. 시적 화자는 이러한 상황을 "후안무치한 자본주의적 윤회의 고리!"라고 일침을 가한다. 이제 꽃은 아름다움 혹은 추모라는 가시적 세계 너머의 상징성을 모두 빼앗긴 채 "아무런 양심의 거리낌도 없이" 돈을 따라 떠돌아야 하는 소품으로 전락하고 말았다. "인간 내면에 각인된 모습으로 피어나는 꽃"(「꽃들의 반란」)이 그나마 존재성마저도 잃어버린 채 "자본주의적 부활의 도구로 전락"하게 된 것이 오늘날 우리의 실상이다. 또한 「슬픈 테헤란로」 연작은 우리 시대 자본주의의 상징인 테헤란로를 살아가는 타락한 사회에 대한 통렬한 비판을 담고 있다. 자본주의의 정점인 테헤란로의 무역센터를 타락한 사회에 경종을 울리던 바벨탑으로 환치시키게 된다. "오래전 바빌론왕조의 바벨탑이/신기루처럼 무역센터 위로 어른거린다/이어 수많은 언어로 갈라지고/말이 안 통하자 독을 뿜으며 이전투구의 싸움을 한다/빗속에서 무역센터가 무너지고 있다"(「슬픈 테헤란로 2」). 인간의 오만함과 타락으로 바벨탑이 무너져 내리며 인간의 언어를 갈라 놓았듯이 자본 아래 살아가는 우리의 삶도 타락했다는 것이 비판의 요지일 터이다.

2부에 수록된 「슬픈 아일랜드」 연작은 서사성과 풍자성을 갖춘 문제작이다. 여기서 문제작이라 칭한 것은 동서양의 역사적 사실들이 교차하면서 당대의 정치적 현실을 적나라하게 까발리고 있다는 데서 비롯한다. 또한 각각의 시편들이 시간적 순서로 나열된 것도 아니고 우리의 현실에 대입된 다른 나라의 정치적 현실이 동시대의 사실이 아니라는 점은 시를 읽는 이들을 매우 곤혹스럽게 만드는 지점이다. 다만 시편들에 붙은 부제는 시의 의미망을 해석하는 데 많은 시사점을 제공하고 있다.

> 어디서 발원하는가, 저 강물은?
>
> 동고서저(東高西低)의 꿈길 따라 서쪽으로, 서쪽으로 숨 가쁘게 달려와 이곳에서 잠시 숨을 고른다 서역으로 가는 길은 멀기만 한데 어느새 강가에 고이는 핏빛 노을! 나는 모래섬 발치에서 노을과 다가오는 어둠 사이로 간신히

지친 몸을 밀어 넣는다 하나둘씩 서둘러 빠져나간 텅 빈 공간엔 음모와 배신과 욕망의 시체들이 뒤엉키고 나는 오래된 안경을 벗어든 채 녹슨 기억을 하나씩 쓸어 모아 부질없이 모래성을 쌓아본다

그 옛날 기억의 아스라한 경계선 따라 세월의 긴 강을 건너온 카라반 대상이 고단한 꿈을 풀고 가는 이곳, 여의도 모래섬에 바벨탑처럼 63빌딩이 솟아오르고 사라져간 누란왕국 너머로는 방송국들과 국회의사당 그리고 금융기관들이 점령군처럼 접수하였다 아, 언제부터인가 카라반 대상이 스쳐 간 자리엔 전갈과 독사들이 우글거리고

하여, 이곳에서 나의 꿈은 이미 오래전에 상실되었다

—「슬픈 아일랜드 1—입문」 전문

"입문"이라는 부제를 달고 있다. 이것은 결국 「슬픈 아일랜드」 연작이 각각의 작품이기도 하지만 전체를 꿰뚫는 하나의 의미망을 가지고 있다는 의미이기도 하다. 그러한 점에서 이 시는 연작 전체의 성격을 살펴볼 수 있는 작품이라 할 수 있다. 이 연작의 제목은 소설가 윤정모의 작품에서 따왔다고 시인은 밝히고 있다. 1990년 아일랜드 작가 마리타 콜론 멕케너의 동일한 제목의 소설은 1840년대 아일랜드의 감자 대기

근이라 불리는 재앙 속에서 용기를 잃지 않고 길을 나서는 어린 세 남매의 이야기를 다루고 있다. 그 후 몇 년 뒤 소설가 윤정모가 영국에 머물면서 쓴 같은 제목의 소설 작품이 『슬픈 아일랜드』이다. 이 소설은 우리나라와 아일랜드의 역사적 동질성에 입각해서 이야기를 풀어낸다. 강성철 시인이 윤정모의 원작을 모티프로 하고 있음을 밝혔다는 것은 연작의 성격이 역사적 전개와 관련이 있음을 암시한다. 다만 모티프만 빌어 왔을 뿐 우리나라와 아일랜드의 동질성을 1차적 차원에서 선 긋기를 하지는 않는다. 공간적으로는 동서양을, 시간적으로는 고대부터 현대를 아우르는 종횡무진의 상상력을 바탕으로 우리나라 당대의 진보와 보수, 민족주의의 모순 그리고 천박한 자본주의의 문제 등을 탐구한다. 사실 한국시는 그동안 추구해 온 언어에 대한 탐구 혹은 내면의 깊이와는 다르게 문명 혹은 역사 등의 문제에는 등한시해 온 것도 사실이다. 그것은 관심 밖의 문제라기보다는 시적 형상화가 그만큼 어렵다는 말이기도 할 터이다.

이 시에서 제시하는 배경은 실크로드의 흥망을 간직한 누란왕국과 여의도다. 그러한 점에서 보면 시적 화자가 바라보는 강물은 한강이며 "서역으로 가는 길"은 이제는 갈 수 없는 현실 너머의 세계라 할 수 있다. 이제 여의도는 옛날 카라반이 오아시스에서 쉬어 가듯 무역이라는 이름으로 돈이 모이고 흩어지는 곳인 셈이다. "여의도 모래섬에 바벨탑처럼 63빌딩이 솟아"올랐다는 것은 궁극적으로 오아시스에서 여의도로의 변화가 인간의 타락을 전제로 하고 있다는 인식을 반영한다. "방송국들과 국회의사당 그리고 금융기관들"은 "카라반"이라는 여행자이며 장사치였던 이들을 대신하는 "전갈과 독사들"인 셈이다. "하여, 이곳에서 나의 꿈은 이미 오래전에 상실되었다"는 비극적 전언은 사실인 동시에 상실한 꿈을 되찾으려는 욕망을 동시에 보여주는 것이다.

「슬픈 아일랜드 3」의 부제는 "아일랜드와 한국의 민족주의에서 본 2002년 대선"이다. 정작 시에서 대선에 관한 이야기는 한마디도 나오지 않는다. 예이츠와 이광수, 미당의 이야기가 주를 이루며 민족주의 문제를 탐구하고 있다. 시에 등장하는 아일랜드의 대표적 작가인 제임스 조이스에 대해서 "문학적 망명지 파리에서 『율리시즈』와 『젊은 예술가의 초상』을 쓰면서 점점 미쳐갔"(「슬픈 아일랜드 3—아일랜드와 한국의 민족주의에서 본 2002년 대선」)다고 말하고 있다. 제임스 조이스에게 아일랜드 더블린은 자신의 문학의 탯줄이었으나 아이러니하게 비난의 진원지이기도 했던 까닭이다. 시에 등장하는 예이츠의 경우도 아일랜드의 정서를 가장 잘 드러낸 작가로 알려져 있지만 반가톨릭적이라는 이유에서 반아일랜드적이라는 비난을 받고 살아야 했다.

> 예이츠는 아일랜드 문예부흥기에 자신이 아일랜드어

대신 영어로 시를 쓴 것이 아일랜드 민족주의자들로부터 호되게 비난받았지만, 제임스 조이스가 더욱 안타깝다고 생각하였다. 조이스는 아일랜드 문예부흥의 본질이 편협된 내셔널리즘이라고 반발하여 고향 더블린을 등진 채 37년간이나 국외에서 살았지만, 실제로 그의 작품은 더블린을 배경으로 한 주옥같은 것들이었다.

—「슬픈 아일랜드 3—아일랜드와 한국의 민족주의에서 본 2002년 대선」 부분

예이츠는 물론 제임스 조이스나 사무엘 베케트, 오스카 와일드 등 세계적인 아일랜드 출신의 작가들이 자신의 조국 아일랜드의 국민들로부터 전폭적인 지지를 받지 못하고 더러 비난을 받았던 사실을 우리의 경우 미당과 이광수에게 대입시키고 있다.

이러한 와중에 미당의 제자들은 부관참시당하는 스승이 정말로 안타까웠으며, 이제 그 이야기는 "제발, 이제 그만!"이라고 외쳤으나 그 목소리는 드높은 민족주의 파도에 묻혀 현해탄 깊숙이 희미하게 사라져갔다.

—「슬픈 아일랜드 3—아일랜드와 한국의 민족주의에서 본 2002년 대선」 부분

미당과 이광수의 친일문제로 인하여 한동안 문단이 시끄러웠고 그들을 기리는 문학상도 폐지되는 등의 우여곡절이 있었던 것이 최근의 일이다. 예이츠를 위시한 아일랜드의 작가들과 우리의 작가들이 어떻게 다른가 하는 것은 심도 있게 다루어 볼 문제이지만 이러한 상황에 직면하게 된 역사적 질곡은 식민지라는 동일한 기원에서 연원한 것이다. 같은 시에서 예이츠는 미당과 춘원에게 이렇게 말한다. "우린 800여 년간 영국의 지배를 받았는데, 겨우 36년을 가지고 그러는가? 나는 이 일로 800여 년간 고민하였네." 800여 년간 고민하였다는 예이츠의 발화는 허구에 해당할 터이지만 식민지를 살아온 이들의 고뇌가 그만큼 뿌리 깊다는 것을 뜻하는 것이기도 하다.

「슬픈 아일랜드 4」에서는 율곡의 실용론과 퇴계의 이상론을 통하여 2007년 대통령선거의 문제를 형상화하고 있다. 이 시에서 2007년 대선의 성격을 "지난 십 년간의 대통령선거는 대통령제냐, 내각제냐 그리고 반미, 반제의 민족주의 등을 표방한 촛불시위가 승부를 갈랐으나, 이번에는 민족주의가 쇠퇴하고 나라 경제 살리기가 우선시되었다."고 규정하고 있다. 한마디로 "슬픈 아일랜드 백성들이 흑묘백묘론의 경제 살리기에 몰표를 주었다."는 것이다. 이 시에서 우리는 진보와 보수 혹은 현실과 이상이라는 이념이 여전히 우리의 삶을 좌우하는 슬픈 현상임을 목도하게 된다. 아마 이 연작시 제목에

방점을 찍고 있는 것은 "슬픈"이라는 형용사일 것이다. "슬픈 아일랜드는 또 어느 방향으로 틀지 모르지만 현명한 슬픈 아일랜드 백성들은 남과 북이, 좌측과 우측이 아주 잘 조화되는 현실적인 유토피아가 곧 이루어질 것이라는 믿음 속에서 늘 메시아를 기다리며 살아간다고 한다."는 진술은 여전히 우리의 정치적 현실을 가장 적합하게 보여주는 것인지도 모른다. 그럼에도 불구하고 비극적 색채가 시 전체를 압도하고 있는 것은 유토피아란 끝내 실현되지 않는 꿈이라는 사실 때문일 것이다. "남과 북" 그리고 "좌측과 우측"이 조화된 사회로의 진입은 슬픈 아일랜드 국민의 꿈이고 소망이라 할 수 있다. 「슬픈 아일랜드 7」에서는 중종 때의 사림파와 훈구파의 대립을 한국 정당정치의 뿌리로 보는 비판적 의식을 발동하고 있다. 앞에서 말했듯 우리 사회의 핵심적 단면을 예리하게 단절하여 수많은 작가 그리고 타국의 역사를 통하여 현재의 우리를 반추하고자 하는 것이 이 연작의 기획이라 할 터이다. 어쩌면 이 문제는 우리가 살고 있는 이곳이 살만한 곳인가 하는 물음이라 할 수 있다. 슬픈 아일랜드에서 살아가는 우리가 어떻게 유토피아를 찾아갈 것인가 하는 과제를 이 연작시는 보여주고 있는 것이다.

> 세상에 껍데기 없는 것이 어디 있으랴
>
> 세월의 풍상을 저 껍데기만큼

잘 막아주는 것이 또 어디 있으랴
신동엽은 "껍데기는 가라"고 했지만
껍데기 없는 알맹이가 또 어디 있으랴

나의 든든한 껍데기였던 당신을
벽제 화장터에서 태우고 돌아온 그날 밤 꿈에
한겨울처럼 세상이 추웠던 알맹이인 나는
타들어 가는 당신을 질겅질겅 씹으며
소주를 털어 마신다

—「껍데기를 태우며」 부분

술집에 앉아 돼지 껍데기를 먹으며 떠올린 아버지의 이미지는 제주도의 비극 4·3을 호출하고 언제나 시적 진리라 여겨지던 신동엽 시인의 "껍데기는 가라"는 시구마저도 부정하게 된다. 물론 신동엽 시인의 시구에 대한 부정은 문장의 표면적 해석에 불과하다. 보편적 인식으로서 알맹이는 추구해야 할 가치이며 껍데기는 무의미한 실체라는 인식을 뒤집어 놓는 것은 아버지의 삶에서 발견한 깨우침이라 할 수 있다. 어떠한 의미를 지닌 알맹이도 껍데기로 인하여 존재할 수밖에 없다는 깨달음은 역사적으로 이름도 없이 살다 간 그러나 스스로 투철했던 민초들의 삶과 맥락을 같이한다. 결국 아버지의 길이란 스스로 껍데기의 삶을 마다하지 않고 자신에게 주어진 껍데기의 삶을 투철하게 살아낸 것이라 할 수 있다. "타들어 가는 당신을 질겅질겅 씹"는다는 야생적 행위는 아버지의 삶을 자신에게 육화하려는 뜨거운 몸짓인 셈이다. 「물고기 아버지」에서 목어에 빗대어 "자신의 배를 비워가던 물고기 아버지"라고 할 때 이 텅 빈 아버지의 육체가 곧 껍데기인 것이다. 정확하게 말하면 껍데기만 남은 아버지인 것이다.

곶자왈 숲길에서 조심히 들춰보는
내 슬픔의 기원
사이 '시옷(ㅅ)'이라고 입술을 오므리면
곶자왈 숨골 따라 오래전 골바람이
스산한 휘파람 소리로 새어 나온다

푸른 숲의 '피읖(ㅍ)'이라고
입술을 수평선처럼 길게 늘어뜨리면
북방과 남방한계선에서 피어나는
너라는 이름의 주름고사리

그 주름 사이로 '슬픔'이라고 속삭이면
너에게 주었던 상처들,
내 몸 어딘가에서 하나 둘씩 눈을 뜨며
슬픔이라는 산꽃고사리삼으로 피어나는데

하여, 지워지는 상처의 손금 따라
곶자왈 언저리를 걷다가
곶자왈을 빠져나오는 길목에서
온전히 나를 잃어버려 간다

나의 슬픔은 늘 그렇게
너의 뒤꿈치를 좇다가 너를 잃어가며
낮달이 파르르 눈썹 떨구고 간 길섶에서
고비고사리로 피어나곤 하였다

—「슬픔의 기원」 전문

제주도 곶자왈 숲길에서 자신의 슬픔의 기원을 찾아가는 이 시는 자음의 형상에서 연상되는 이미지를 호출하고 있다. 시옷과 피읖에서 연상되는 이미지인 "스산한 휘파람"과 "주름고사리"는 개인적 체험과 깊은 연관이 있을 터이지만 구체적으로 형상화되지 않아 어떤 사건인지는 알 수 없다. 다만 "슬픔"과 관련되어 있다는 것만은 알 수 있다. "지워지는 상처의 손금"은 슬픔의 한 형상이며, 숲길을 빠져나올 때 "온전히 나를 잃어"버리게 된다는 것은 슬픔의 짙은 농도를 보여준다. 마지막 연에서 볼 수 있듯이 "너의 뒤꿈치를 좇다가 너를 잃어가"는 것이 나의 여정이다. 결국 슬픔의 기원은 삶의 동력인 셈이다.

강성철 시인의 『슬픈 아일랜드』는 4부로 나뉘어져 각각 특색을 띠고 있다. 그것은 다른 층위의 정서적 발현이라 할 수 있다. 또한 오랜 시간 시를 써오면서 가지게 되는 변모 양식을 의미하는 것이기도 할 터이다. 특히 2부의 연작시는 한 권의 시집으로 탄생하면 우리 시대의 문명적 문제의식을 담은 역작이 되겠다는 생각도 해본다. 걸림 없는 자유자재, 종횡무진의 필법은 아무나 흉내 낼 수 있는 것이 아니다. 독자들도 모처럼 색다른 경험을 하게 될 것이다.

시인동네 시인선 210

슬픈 아일랜드

ⓒ 강성철

초판 1쇄 인쇄	2023년 8월 3일
초판 1쇄 발행	2023년 8월 10일
지은이	강성철
펴낸이	김석봉
디자인	헤이존
펴낸곳	문학의전당
출판등록	제448–251002012000043호
주소	충북 단양군 적성면 도곡파랑로 178
전화	043–421–1977
전자우편	sbpoem@naver.com

ISBN 979–11–5896–602–7 03810